SQ選書
06

千四百年の封印
聖徳太子の謎に迫る

やすいゆたか
YASUI Yutaka

社会評論社

千四百年の封印　聖徳太子の謎に迫る＊目次

＊目次

はじめに

1　何故か天皇は伊勢神宮に足が竦んだ

伊勢宮は皇祖アマテル祀れるになどてすめろぎ怖れ憚る

『日本書紀』によると、持統天皇は三輪氏の反対を押し切って、持統6年（六九二年）に伊勢行幸を強行した。しかし伊勢神宮に親拝されたという記録はないようだ。

柿本人麿の高市皇子《たけちのみこ》挽歌に「渡会《わたらい》の斎《いつ》きの宮ゆ　神風に　い吹き惑はし」とある。天照大神《あまてらすおほみかみ》が壬申の乱の際、大海人皇子に神風で加勢してくれたと受け止められていたのである。それで参拝する義理はあったのだが、やはり伊勢神宮に参るのは足が竦《すく》んだのだろうか？　伊勢神宮といえば、日本神道の主神であり、皇祖神である天照大神を祭る中心の神社なのだから、天皇にとってはもっとも親拝すべき神社のはずである。

天照大神の御神体の八咫《やた》の鏡は宮中にもあるので、伊勢神宮に参る必要がないという説明があるが、どうして本宮に参拝しないのかという説明としては、物足りない。それより、天皇が参拝すると祟ってやろうと天照大神が待ち構えていたのかもしれない。まさか主神・皇祖神の天照大神が天皇に祟るなんて？　梅原猛の怨霊史観だと出雲大社の大國主命まで祟るのだが、さらに天照大神まで祟るとは、究極ではないか。

しかし祟神《たたりがみ》がいるとしたら、それこそ祭祀しないと余計に祟《たた》るのだ。日本神道では神は和魂《にぎみたま》と荒魂《あらみたま》の両面がある。天照大神の荒魂は瀬織津姫《せおりつひめ》と呼ばれ、八十禍津日神《やそまがつびのかみ》と同一神だとされ伊勢神宮に祀られている。

それに天照大神の他に月讀命《つくよみのみこと》も祀られている。しかも内宮には月讀宮があり、外宮には月夜見宮があるのだ。それもそれぞれ和魂と荒魂があるのである。とはいえ、天皇が祀り、怨恨《えんこん》を鎮《しず》めれば却って天皇の守護神になってくれるはずである。だから天皇のご親拝をタブーとするというのは大きな謎である。

ともかく天皇が明治維新まで、伊勢神宮に近づけなかったということは、そこにこそ歴史の謎を解く鍵が隠されているということを予感させる。天照大神は神道では、主神かつ皇祖神なのだ。当然、天皇が先ず第一に親拝すべきはずである。それが恐ろしくて出来ないとは、この問題を放置して歴史の謎が解けるだろうか？　到底無理である。

ところで歴史学者や神道家などは、天皇が何故伊勢神宮に親拝できなかったのかという謎を解明しようとしてきただろうか、戦前は治安維持法があり、この謎に迫ること自体が恐ろしくてできなかった。第二次大戦後、自由で民主的な世の中になったのだから、この謎を放置して歴史学者であるとか、神道家であるとか名乗ることは恥ずかしい位の気構えが必要であろう。

2 聖者の秘密を暴く聖なる仕事

身を捨てて聖なるものに挑みたるその勇気こそ聖者の証しか

私はかつて『キリスト教とカニバリズム』（三一書房）『イエスは食べられて復活した』（社会評論社）を著作した。イエス・キリストの復活の秘密を解き明かしたのだ。イエスは、弟子たちに自らの肉と血を食べさせて、その中に含まれていると思い込んでいた聖霊を引き継がせようとしたのである。その結果惹き起こされた共同幻想としてイエスの復活の謎を解き明かしたのだ。

弟子たちはイエスの聖霊を引き継いだと思い込んで、全能幻想が極大化した結果、イエスを連想させる言動をする人を復活のイエスと思い込んだ、これが私の説明だった。これを「聖餐《せいさん》による復活」仮説と名付けているが、この仮説はあまりに大胆な仮説なので、再びこのような聖蹟《せいせき》の謎解きのようなインスピレーションは起きることはないだろうと思っていた。

しかし、また聖者の秘密に迫るようなインスピレーションに襲われてしまったのだ。今度は極東の国日本の聖徳太子についてである。彼が主神と皇祖神の両方とも天照大神に差し替えてしまう神道改革を断行していたという仮説である。主神や皇祖神を差し替えるのはとんでもない冒瀆だ。だからこれを「聖徳太子の大罪」と呼ぶことにしたのである。

イエスの場合も捉え方次第ではあるが、カニバリズムタブーに抵触しており、恐ろしい罪を犯したとも解釈できる。とはいえ、聖霊を引き継ぐという最も聖なる行為のためなので、一般の人肉嗜食《じんにくししょく》や吸血とは次元が違う。従って、タブー破りとは言えないとも解釈できる。福音書はその事実を隠蔽している。なぜなら異教徒からみればそれはタブー破りであり、キリスト教徒たちは人食い集団として異教徒によって絶滅させられる危険があったからである。

私は福音書の記事を精神分析することで、聖餐による復活体験を論証したのだが、そうだとしたら復活体験が合理的に説明できるという立場からである。決して科学的に事実として確証できたと主張したわけではない。「聖徳太子の大罪」も科学的に確証したわけではない。差し替えがあったとしたら、記紀よりも合理的に説明でき、より納得のいく歴史像を抱けるという意味である。つまり石塚正英のいう「歴史知」として了解できるということである。

聖徳太子たちによる主神・皇祖神の差し替えは、とんでもない大罪であり、あってはならないことである。だから差し替えはなかったことにされたのだ。初めから天照大神が主神であり、皇祖神であったことにされているのである。

「聖餐による復活」も「神々の差し替え」も隠された秘密である。だからそれを暴くと、聖者の聖性に対する挑戦と受け取られかねない。つまり封印された聖者の秘密を暴くことは、聖なるものに対する冒瀆行為として、それ自体大罪を犯したことになりかねないのである。

もちろん、聖者が大罪を実際に犯していれば、それを論証することは正義にかなっているのだろう。だがその論証に失敗すれば、聖者を罪人として告発したとされ、昔なら火焙りにされたりしたのである。

しかしカニバリズムのタブーにあえて挑戦したり、神々を差し替えたりした聖者たちこそ、既成の聖性に命がけで挑戦していたのだから、その事実を明るみにするということは、聖者たちの聖なる挑戦を称《たた》える行為であり、それこそ聖なる行為であることになるのかもしれないとも言えよう。

私は生涯で二度までも聖者の秘密を解き明かしたのだから、これは私の天職というべきものだったのかもしれない。それに元はといえばマルクスの価値理論が「つきもの」信仰に陥っていたことを解明したことが、そもそもの発端だった。だから聖者や賢人の宗教性や秘密の解明によって、人間の秘密に迫るという「やすい人間学」の一面がこれで浮き彫りになったと言えないだろうか。私は今年二〇一五年に古稀を迎え従心の年齢になった。この歳でやっと天命を知るとは二十年ほど成長が遅いようである。

3　崇峻天皇暗殺事件と主神・皇祖神の差し替え

主襲い、神々までも差し替えて君求るや日出る国

《聖徳太子の大罪》といえば、江戸時代の儒学者・国学者たちは、蘇我馬子が泊瀬部《はつせべの》大王《おほきみ》（崇《す》峻《しゅん》天皇《てんのう》）を東漢直駒《やまとのあやのあたへこま》という渡来系の若者に暗殺させた五九二年の事件について太子の責任を

就寝中に殺害された崇峻天皇。(「聖徳太子絵伝」部分、三重・上宮寺蔵)

問題にしていた。いかに泊瀬部大王が「いずれの時かこの猪の頸を断《き》るが如く、朕がねたしとおもふ所の人を断らむ」と馬子殺害を漏らしたとはいえ、大王を臣下が殺すのは大逆に他ならない。

その馬子の大罪を黙認しただけでなく、事件後、豊御食炊屋媛《とよみけかしきやひめの》大王《おほきみ》（推古天皇）の摂政に収まって、馬子と三者でトロイカ体制を作っている。それで三者は元々昵懇《じっこん》で、全て相談の上だったとの嫌疑をかけられかねないのである。

仏教導入の歴史という観点から見ると、蘇我馬子の貢献は実に大である。欽明天皇の時代に五三八年か五五二年に仏教が公伝されたが、反発が強く、蘇我氏だけが仏像を祀っていたのだ。しかしそのせいで飢饉や疫病が流行したとして、蘇我氏は仏殿を焼かれたり、仏像を難波の堀江にすてられたり、尼を拉致《らち》され鞭打たれたりしたのである。そういう迫害によく耐えぬいて、信仰を広め、五八七年の蘇我物部戦争に勝利したのである。だから、廐戸皇子は蘇我馬子を心から尊敬し、憧れていたのである。

しかし、崇峻天皇に対する大逆に厩戸皇子まで絡んでいたかどうか、そこまでは現存の文献からは論証しようがない。だから本書で取り上げる「聖徳太子の大罪」は、別で、もっと重大な大罪である。それは本書が論証しようとする主神・皇祖神を天之御中主神《あめのみなかぬしのかみ》と月讀命から、両方とも天照大神に差し替えたことを指しているのである。

現在の日本国民の大部分は、宗教への関心が希薄なので、主神や皇祖神を取替えても別に信じる本人の勝手であり、大罪ではないと思われるかもしれない。しかし、一度じっくり考えて欲しい。

「聖徳太子及び二王子像」部分　宮内庁所管

天之御中主神は北極星である。つまり天の回転の中心なのだ。中心があってその周りをめぐる天体ができるのである。天があるから地があるわけで、天之御中主神が万物を創造する造化の神の中心だとされていたのである。

天に中心があるので、方角や時間が定まる。それで通商や航海もできるのだ。だから水産、通商、航海などを主産業にしていた民族では北極星を主神にする信仰がさかんだったのである。

倭国も元々は海洋民族だった。それで天之御中主神が主神だったのだ。それが河内・大和中心の政権になると農業が主産業となり、太陽神信仰が求められたのである。それで太陽神信仰中心に主神を交替させようということになったのだ。しかし、万物を生み出し、宇宙の中心にいて全ての秩序を保たれていることになっている天之御中主神を主神の座から降ろすということは、大変罪深い、神を冒瀆する行為であり、忘恩的な行為だと受け取られることになる。

もし主神の座から引きずり降ろされて屈辱を感じた天之御中主神が怒《いか》られて祟り神になって祟ったらどうなるだろう。それこそ天が崩れ落ちてくるかもしれないではないか。それほど罪深いことなのである。

「天皇《てんのう》」は、この神道改革の結果大王《おほきみ》が名乗ることになった称号なので、皇祖神とよばれているのはその当時だと大王家の祖先神のことである。皇祖神も適当に好きなのを選んで決めればいいと思うかもしれないが、それはトンデモナイことだ。それは自分の父を気に入らないから、別の人を父だったことにするようなもので、親を蔑ろにする親不孝の極みになるのである。

神様だから何を信仰してもいいじゃないかと軽く考えてはいけない。親が決まっているように、祖先神も初めから決まっているのである。進化論でいけば人の祖先はサルに行き着くかもしれないが、大王家の祖先は、伊邪那岐神《いざなぎのかみ》が最後に生み落とされた三貴神《みはしらのうずがみ》の一柱である月讀命《つくよみのみこと》なのだ。

4　現人神とは何か？

天つ日と鏡と吾と一なれや照り輝いて民を救はむ

　ところで大王家の祖先が猿じゃなくて月というのは奇妙だと思われるだろうか？　もちろん月から人が生まれたのではない。伊邪那岐神も月讀命も人間なのである。これは日本神話を理解する場合に必要な知識だが、『古事記』や『日本書紀』にはきちんと説明されていないのである。伊邪那岐命・伊邪那美命《いざなみのみこと》という男女の夫婦神は、神々や万物や国々のすべては陰陽の交接によって生じたものであるということを象徴する神である。具体的な男女、父・母は伊邪那岐・伊邪那美の神の現れと思って、セックスをして子供生み、陰陽の原理で田を耕して作物をつくり、産業を盛んにして国を生み出すのである。

　ということは生身の人間が伊邪那岐・伊邪那美の神だということである。中でも高天原から壱岐・対馬に進出した倭人の族長は、自らが大八洲《おほやしま》と通商して国々を生み出そうとし、最後に大八洲の倭国の支配者を生もうということで、天照大神、月讀命、須佐之男命《すさのをのみこと》を生んだのである。だから、この三兄弟も現人神《あらひとがみ》だ。自らを太陽や月や嵐と同一視して超常的な能力を備えて、統治しようとしたわけであった。

　月讀命がご先祖では農業には向かないから太陽神にしようなんて身勝手のことである。自分の先祖を取り替えようとしているわけで、ご先祖様に対する忘恩、冒瀆である。これも儒教道徳からみれば、最大の不孝なのだ。つまり神々といっても単に自然神であるだけでなく、その人格的担い手になる現人神としての性格もあったのだ。

同じ天照大神といっても、自然神の太陽であり、器物神の鏡であり、それらと自己を同一視し、人格神として生きる現人神が三位一体構造になっている。それは須佐之男命でも、自然神としての嵐、器物神としての剣、人格神である凶暴な侵略者、覇王の三位一体である。

この天照大神・月讀命・須佐之男命は三貴神と横並びにされているが、それは三者には他の神々より優れ、しかも対等な面があったということである。元々説話は建国の謂《いわ》れを語ることに狙いがあった。それが最も立派なことと考えられていたのだ。この三者は大八洲にそれぞれ河内・大和倭国、筑紫倭国、出雲倭国を建国したということなのだ。だから六世紀までは倭人三国についての口誦の伝承が、それぞれの国に存在したと想像されるのである。

5　秘められた「神々の差し替え」と太子信仰

厩戸の皇子は倭国の仏なりなどて背くや神と正義に

このように、主神や皇祖神を差し替えるなどということは決して許されてはならない大罪なのである。しかし、背に腹は替えられないというか、国家が成り立っていくためには、敢えて神々には屈辱を堪えてもらって主神・皇祖神も取替えることもあり得ないことはないのである。その代り、神々を差し替えた責任者は、神の怒りに触れてどんな神罰でも受ける覚悟の上でないとできないのだ。廐戸皇子は玉虫厨子で象徴される捨身飼虎《しゃしんしこ》の自己犠牲的精神で事に当たられたので、聖徳太子と称えられたのではないだろうか。

しかし、そういう大罪を犯したことは、本来あってはならないことだから、たとえ差し替えたとしても、差し替えはなかった、元々天照大神が主神であり、皇祖神だったのだということにしなければならなかった。これは大変難しいことであろう。人間には記憶力があり、かつて主神は天之御中主神で皇祖神は月讀命だったということを覚えているのだから。

法隆寺　玉虫厨子

そこで徹底した言論統制、思想統制を行ったと想像される。さいわいまだ文字は使用され始めたばかりだったので、神話伝承は文字になっていなかった。最初に『天皇記』『国記』として伝承が文字化された時を千載一遇のチャンスとして差し替えを定着させようとしたのである。

実際この差し替えは成功してきた。約千四百年前に差し替えられてから、現在まで、記紀の内容にいろいろ疑問は挟まれたものの、七世紀になって主神や皇祖神が差し替えられたということはほとんど議論になっていない。

差し替えられた時期が聖徳太子が摂政をされていた時期なのである。そこで聖徳太子は日本の釈尊だとか、大いに聖なる存在にして、聖徳太子が主神・皇祖神を差し替えるなど恐ろしい罪を犯したはずがないという印象を与えたのである。もちろんそれだけ立派な人だったので、太子信仰が起こったのだが、それを朝廷として大いに盛り上げたわけである。

それから儒教や仏教の受容があったから、神々の差し替えができたということも見逃せない。何故神々を祀るのか、それは神々の力を借りて豊かな実りを得られ、人々が安心して暮らせるようにするためである。儒教の考え方だと、神を祀るというのも政治の一環として捉えられるのだ。だから万やむを得ない事情があれば、たとえ神々に耐えがたい屈辱を与えることになっても、為政のために必要とあらば神々を差し替えることも儒教的には、許されないことはないかもしれない。

仏教で考えれば、民が平和で安心して暮らせるために、慈悲の心から神道改革を行うのなら、御仏が神々の祟りから守ってくれるかもしれない。仏教はユニバーサル（普遍的）な宗教として、道教や日本神道よりも格上として存在したので、御仏の力で神道改革への不満や不安を解消しようとしたのである。

6 神々の差し替えによる歴史の変更

磐余彦河内大和をたはむけど筑紫倭国はかわらじものを

これまでも『古事記』や『日本書紀』には神話が含まれていて、歴史の真相はよくわからないとされてきたが、神話を入れたり、神話を改変することによって、歴史がどのように変えられたかについては、まったく見当がついていなかった。

特に戦後は神話的要素を排除する科学的な歴史学が目指されたので、建国説話のほとんどが歴史学の対象からはずされてしまったのである。大国主命なんて神代の話で歴史じゃないという扱いである。でも大国主命関連の説話や神社は各地にたくさん存在する。それで、彼が歴史的な大英雄であったことはだれしも納得せざるを得ないわけである。

たとえ科学的に確かめられた歴史的事実とは言えなくても、伝承をもとに出雲勢力を率いて大八洲の制覇をめざしたり、平和で豊かな国造りを行った大国主命の歴史的な存在を了解しておくことは歴史学の重要な内容になる。そういう知を「科学知」と区別して「歴史知」として認知しておこうというのが、本書の方法になっているのである。

なお「歴史知」という用語は、石塚正英の命名である。感性知や体験知や歴史的な叡智など科学的に実証されないけれど、大いに役立ってきた知を石塚は『歴史知と学問論』（社会評論社、二〇〇七年）等で歴史知と命名した。私はその歴史知に私のいう「歴史を見るメガネ」も入るのではないかと考えたのだ。

本書によって主神・皇祖神が差し替えられたと分かり、その差し替え前の説話や歴史はどういうものであったかある程度まで言えることになった。これは今後実証的に歴史研究を進めるときに大いに参考になるはずである。

六世紀末まで朝廷の大王の祭祀は未明に行われていたということで、主神・皇祖神は太陽神でなかったことがはっきりしたのだ。磐余彦大王《いわれびこおほきみ》（神武天皇）から豊御食炊屋媛大王（推古天皇）までは主神を天之御中主神《あめのみなかぬしのかみ》、皇祖神を月讀命として祭祀していたということである。

磐余彦以前はどうか、磐余彦が倒したのは饒速日《にぎはやひ》王国である。饒速日一世は天照大神の孫だが、その子孫の饒速日四世か五世が磐余彦に敗れて、臣従したのである。だから大和・河内は元々は、太陽神の国「日の食国《をすくに》」だったということである。

それに対して、磐余彦は「夜の食国」からやってきた侵略者だった。磐余彦は邇邇藝命《ににぎのみこと》の曽孫だから、筑紫倭国自体が「夜の食国」だったということになる。だから驚くべきことに邇邇藝命が天照大神の孫であるという記紀の記述は怪しいということになるのだ。むしろ邇邇藝命の祖母は月讀命だったということになる。だから彦（ひこ）を日子と表記して大王がいかにも天照の御子とされていたかに印象づけようとするが、「ひ」は「霊」の意味もあり、「ひこ」は霊性のある貴人《まれびと》を意味するのである。納得いかない人は「産霊」を国語辞典で引けば「むすひ」と読み、

「むす」は生じる、「ひ」は神霊の意とあるので確かめて欲しい。

ということは、元の説話では邇邇藝命の父忍《をし》穂《ほ》耳命《みみのみこと》が天照大神の物実《ものざね》から生まれたのではなくて、月讀命の物実から生まれたことになる。だから須佐之男と宇気比《うけひ》（誓約）をしたのは、天照大神ではなくて、月讀命だったということになる。宇気比の場所も筑紫北岸に宇気比で生まれた宗像《むなかた》三女神がいるので、筑紫だったのではと考えられるのだ。

それに天照大神は高天原を支配していることになっていたが、それは主神が七世紀になって差し替えられたのではなく、元々天照大神が主神だったという前提にたっていたからである。天之御中主神が主神だったとしたら天照大神が海降《あまくだ》りして太陽神の国を河内・大和に作っていたと考えられるのだ。

三貴神の誕生で、イザナギ大神は「御寓《ぎょぐう》之《の》珍子《ちんし》（天の下を治めるべきすぐれた子）」を産んだので、元々高天原に上げる意図はなかった。七世紀の改作である高天原の支配者という天照大神のイメージが強いので、元々の説話では天照大神自身が河内・大和に海降っていたということは信じがたいかもしれない。

もちろん元の説話では、月讀命も海降って筑紫倭国を立てたのである。これも七世紀の改作である邇邇藝命の高千穂峰天降りの印象が強くて、なかなか納得されないと思われる。

このように神々の差し替えを織り込むと、それ以前に伝承されてきた大和倭国・筑紫倭国・出雲倭国の倭国三国の歴史が見えてくる。この三国の統合が倭人三国の統合なのである。

まず出雲の大国主政権が大八洲の統合に乗り出した。北陸・信濃から畿内に入って、記紀に記述はないものの初代饒速日大王は斃《たお》されたようである。大国主命は筑紫まで統合しようとしたが、高天原や海原倭国は大八洲が統合されてしまうと飲み込まれると考えて、筑紫倭国に肩入れし、出雲勢力に出雲に戻るように要求したのである。

これが高天原の決定である。決して天照大神の子が天下を支配すべきだという決定ではなかったのだ。このように、さも「高天原の決定」が実際にあったことを前提にその中身を批判すると、古代史学が神話に取り込まれ、高天原という神々の世界が実在するかのようにいうから、皇国史観と同レベルではないかと顰蹙《ひんしゅく》をかうかもしれないのである。

私は何も天空に高天原があったというのではない。加羅・任那などが倭人の故地であり、そこが「高天原」だったというのである。そこには現人神を自称する人々を中心に倭人集落が散らばっていたと考えている。そこから対馬・壱岐に進出して海原倭国ができ、日本海の制海権を握って、大八洲にいくつも倭人の国をつくった。その代表的なものが大和倭国・筑紫倭国・出雲倭国の倭人三国だという仮説である。

そこで出雲勢力は撤兵は拒否しつつも、平和でゆたかな国づくりに方向転換した。それでも高天原・海原・筑紫倭国の連合軍による大国主奇襲作戦が練られ、これが見事に成功したが、大国主命は平和で豊かな国づくりに転換していたので慕われていた。それで侵略軍を饒速日二世が大国主命支持派を糾合して撃退したのである。

父の仇をとってやったのに饒速日二世に裏切られたので、それで連合軍は饒速日王国を倒す大義名分をもっていたのだ。記紀ではその話も抜けている。磐余彦はただ西に肥沃な土地があるから侵攻したようにみえる。

磐余彦は筑紫王朝の分家出身だ。大和政権を樹立した後も、筑紫には筑紫倭国があったのだ。倭人三国の統合を成し遂げたのは四世紀中ごろの大帯彦大王《おほたらしひこおほきみ》（景行天皇）の時代である。だから三世紀中ごろはまだ大和倭国と筑紫倭国は統合されていなかった、それで邪馬台国大和説には難点がある。早くも大帯彦大王の息子と孫は、倭国東朝と倭国西朝に分裂した。倭国西朝は、住吉三神に強制的に新羅征伐に参戦させられたのだ。これが神功皇后新羅征伐とされている。この勝利の勢いで倭国は再統合され、五世紀には、河内王朝が強盛大国に成長したのだ。

ここではあまり詳しく展開できないので、概略にとどめる。ともかく六世紀末まで大和政権では大王は夜の祭祀を行っていて、それでは農業国家としてたちいかなくなった。それで、神道改革が迫られて七世紀初め厩戸皇子が摂政の時代に主神・皇祖神の差し替えが決断されたということである。

第一章　天皇号の成立と天御中主神

天皇は宇宙《そら》知らしぬる主ならむその神の御名天之御中主

1　薬師如来像光背銘の偽作問題

傷み来て取り替えたりし後背の刻まれし文字変わりあらずや

日本古代史で邪馬台国論争、聖徳太子実在論争とならんで大論争になっているのが、天皇号が何時使用され始めたのかということである。推古天皇からか、天武天皇からかで対立しているのだ。

推古天皇の在位期間中の遺物に天皇号が使用されていれば、推古天皇で天皇号の始用は決まりのはずなのだが、その使用例が少なすぎると、後世の偽作ではないかと疑われることになる。もっとも推古天皇の在位期間中の文字遺物はほとんどないし、天皇号を使用していない例が存在しているわけでもないのだが。

史料的には法隆寺金銅薬師如来像光背銘が最も古く、推古天皇15年西暦六〇七年である。次に上げるように「天皇」という文字が三回使われている。

> 池邊大宮治天下天皇。大御身。勞賜時。歳次丙午年。召於大王天皇與太子而誓願賜我大御病太平欲坐故。将造寺薬師像作仕奉詔。然當時。崩賜造不堪。小治田大宮治天下大王天皇及東宮聖王。大命受賜而歳次丁卯年仕奉

池辺大宮《いけのべのおおみや》に天下《あめのした》、治《しろ》しめしし天皇《すめらみこと》（＝用明天皇）の大御身労賜《おほみいたつきたま》ひし時、歳《ほし》は丙午《ひのえうま》に次《やど》りし年に、大王天皇《おほきみすめらみこと》（推古天皇）と太子《ひつぎのみこ》（聖徳太子）を召して誓願し賜ひて、「我が大御病太平《やすら》ならんと欲し坐《ま》すが故に、将に寺を造り薬師像作り仕へ奉《まつ》らんとす」とのり詔りたまひき

然れどもその時に崩じ賜ひて、造り堪えざれば小治田《おはりだ》大宮に天の下治しめしし大王天皇（推古天皇）及び東宮聖王《とうぐうひじりのおほきみ》（聖徳太子）は大命を受け賜ひて、歳は丁卯《ひのとう》に次し年（推古15年六〇七年）に仕え奉りき

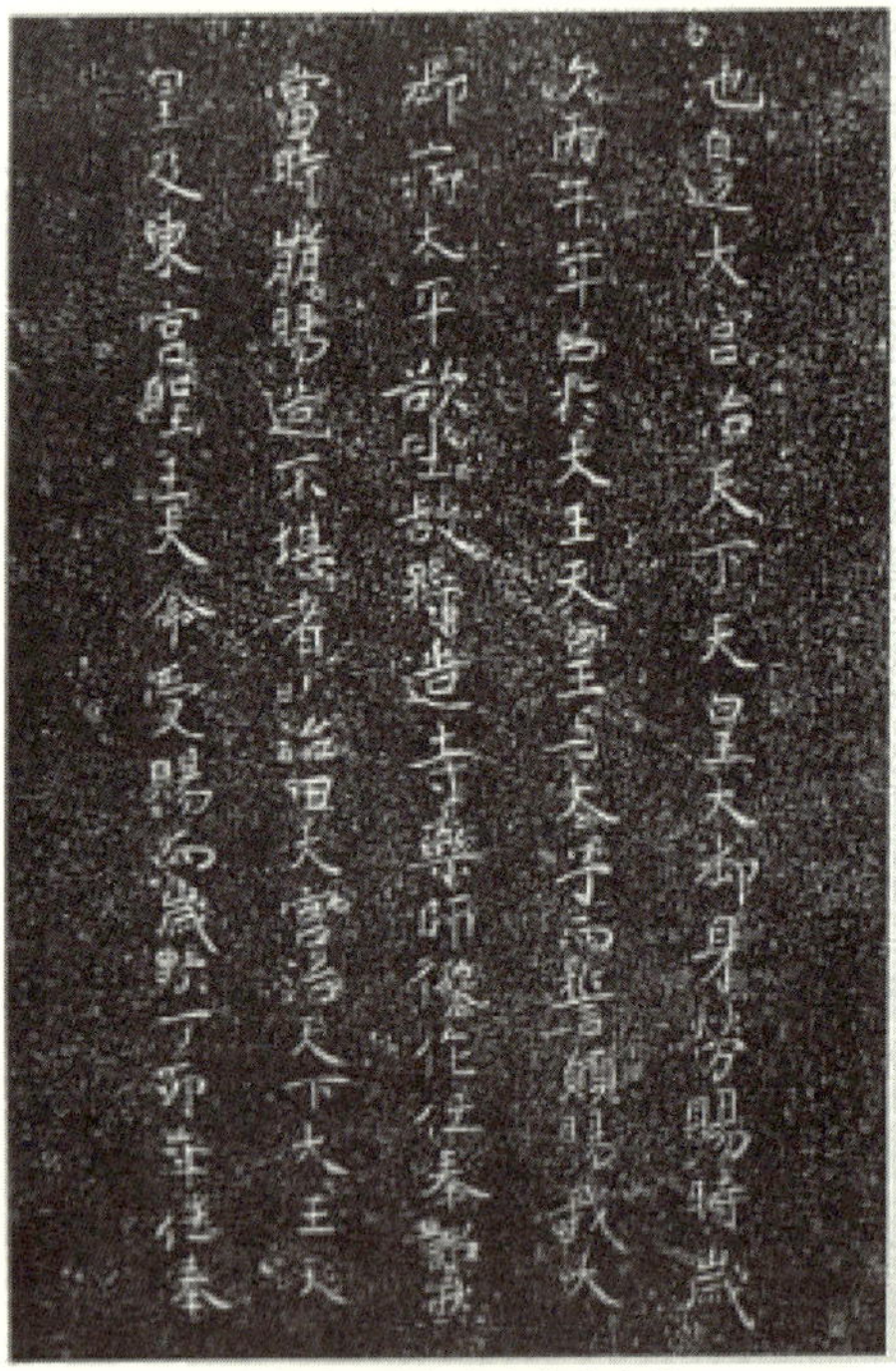

法隆寺　薬師如来像光背銘

これについては、天武天皇から天皇号が使用され始めたとする人々は、この銘文は後世の偽作であると断定している。天皇号使用が天武天皇にはじまったとすれば、これを偽作した人々は、天皇号使用が推古天皇の時期からであると思い込ませる必要があったことになる。唐の高宗が天皇号を名乗ったのに見習って、天武天皇が天皇号を名乗ったとすれば、天武天皇は果たして、自分が天皇号の第一号であることを否定したいと考えただろうか。あるいは偽作者は、天皇号第一号の天武天皇の権威を損なう事になるような偽作を行うことを躊躇しなかったのか、気になるところである。

後世の偽作だとする人たちは、薬師信仰の開始が七世紀末だったことや、書風が七世紀初めだと六朝風（南朝風あるいは北魏風）なのに対して、七世紀末だと初唐風となるので、書体から見て七世紀末の偽作だとするのである。

では偽作したとしたら、何か理由があるはずだ、その理由として考えられるのは、「東宮聖王」と厩戸皇子を神聖化していることが先ずあげられる。つまり太子信仰を盛んにするために、太子は存命中から聖人として崇められていたことにしたというのである。

しかし太子信仰は既に存命中からあったのではないか。それは梅原猛の『聖徳太子』で詳しく展開されているが、厩戸皇子は、菩薩太子として仏教国家づくりの広告塔のような役割を担っていたので、聖王と崇められていた可能性があるのではないか。

しかし、聖徳太子の実在を否定する立場や、その活躍は大したことはなくて、存命中は尊崇されてなかったとする大山誠一の『聖徳太子の誕生』の立場から解釈すると、太子信仰が太子没後流行したので、太子ゆかりの仏像を作って太子が実在したことにしたり、存命期から聖王と崇められていたことにしたと考えられるというのである。

それなら問題なのは、天武天皇や持統天皇の時代に偽作したとしたら、天武天皇の時代以前に天皇号が使われていたことを知っていた事にならないかということだ。推古天皇在位期のものだとされる偽物の銘文などに天皇号が入っていることは、推古天皇の時期に天皇号が使用されていたことを傍証することになるのである。

もし偽作者が推古天皇の時期に天皇号が未使用だったと知っていれば、天皇号を入れると偽作が発覚してしまうと考えたはずである。偽作がばれてもいいという考えでなければ、天皇号は入れなかっただろう。

偽作説の人は、寺の格上げのために天皇家との縁を強調したとしている。それなら偽作と発覚すれば重罪に処せられただろう。何故なら国家と天皇を欺いて、権益を得ようとしたのだから。したがって薬師如来像や銘文が後世の偽作であることをもって、天皇号の初使用時期を推古天皇ではないと断定することはできないのである。

何か推古天皇の時代から天皇号が使用されていたことにした方が、都合がいい事情でもあったのだろうか、しかもそれほど古い時代ではないので、偽作がバレてしまう恐れもあるわけだから、わざと偽作に天皇号を入れるメリットは考えられない。

それで、七世紀末に偽作したのではなくて、書き直したと考えればいいのではないか。薬師如来像の後背銘が火事か何かのアクシデントで傷んでしまったので、七世紀末に書き直したと解釈するのだ。銘文を元のままで書き直したと考えれば、書体が新しいという問題は解決する。

では薬師信仰自体が七世紀初めにはなかったとか、薬師如来像も七世紀初めには中国でもまだ作られていなかったという批判にはどう応えることができるのか。

まず釈迦如来像と薬師如来像を区別して制作する意識は七世紀初めにはまだなかったのだ。薬師如来像と言われているだけで、お姿は釈迦如来像と同じなのである。ただ用明天皇の病が重くなったので、平癒を願って薬師如来像を造ったということである。中国の仏像もまだ薬師如来像が釈迦如来像と区別されていなかっただけであろう。

『薬師経』という経典は玄奘三蔵《げんじょうさんぞう》が訳したのが有名だが、それ以前に四・五世紀にも漢訳されている。渡来僧が薬師経を読んでいて、薬師如来像を作って、拝むようにすすめたとしても別に不思議はない。

薬師如来像の後背銘は、傷んだので書き直したと考えられるが、その際に後背銘の表現を改めて大王を天皇に直した可能性もある。

しかしもし天武朝に天皇号が開始されたとすると、天皇号開始が天武・持統朝だという可能性も残る。だから天皇号開始が天武・持統朝だという可能性も残る。

自体が日本の伝統からでない、唐の高宗の例をまねた外来のものということになる。ということは、天皇号初の天皇だということが、誇りになったと考えられる。だとすると、以前の大王まで天皇と呼ぶのは好まなかったのではないだろうか。

天皇号自体は道教の天皇大帝に由来するという意味では、外来の称号なのだが、私の仮説のように天之御中主神の言い換えだとすると、日本の伝統なので、以前の大王も天皇と呼ぶのも納得できる。そうなると、主神が天之御中主神から天照大神に差し替られた時期が問題になってくる。それは後ほどその節で検討することにしよう。

2　釈迦三尊像光背銘の偽作問題

ありもせぬ法興元号書き込みて偽作明かすは愚かならずや

次に重要な史料として法隆寺釈迦三尊像の光背銘があげられる。もっともこの史料に「天皇」

という刻字があるわけではない。「法皇」という文字があるので、政治権力の最高権者が「天皇」なので仏教における最高権威者ということで「法皇」と表現したのだろうとみなされているのだ

法興元丗一年歳次辛巳十二月鬼
前太后崩。明年正月廿二日、上宮法
皇枕病弗悆。干食王后仍以労疾、並
著於床。時王后王子等、及與諸臣、深
懐愁毒、共相發願。仰依三寶、當造釋
像、尺寸王身。蒙此願力、轉病延壽、安
住世間。若是定業、以背世者、往登浄
土、早昇妙果。二月廿一日癸酉、王后
即世。翌日法皇登遐。癸未年三月中、
如願敬造釋迦尊像并侠侍及荘嚴
具竟。乗斯微福、信道知識、現在安隠、
出生入死、随奉三主、紹隆三寶、遂共
彼岸、普遍六道、法界含識、得脱苦縁、
同趣菩提。使司馬鞍首止利佛師造。

法興《ほうこう》の元《がん》より三十一年、歳《ほし》は辛巳《かのとみ》に次《やど》る十二月鬼、前太后《さきのおほきさき》、崩ず。明年正月二十二日、上宮法皇《じょうぐうほうおう》、病に枕し、悆《こころよ》からず。干食王后《かしわで》、よりて労疾《いたつき》を以て、ならびに床に著《つ》きたまふ。時に王后・王子等、及び諸臣と與《とも》に、深く愁毒を懐《いだ》きて、共に相ひ発願す。仰ぎて三宝に依りて、当《まさ》に釈像の尺寸王身なるを造るべし。此の願力を蒙り、病を転じ寿《よわひ》を延し、世間に安住す。若《も》し是れ定業にして、以て世に背かば、往《ゆ》きて浄土に登り、早く妙果に昇らむことを。二月二十一日癸酉の日、王后即世《そくせい》す。翌日法皇登遐《とうか》す。癸未《みずのとひつじ》年の三月中、願の如く敬《つつし》みて釈迦の尊像ならびに侠侍、及び荘厳の具を造り竟《おわ》りぬ。斯《こ》の微福《みふく》に乗《よ》り、信道の知識、現在には安隠《あんのん》にして、生を出でて死に入らば、三主に随ひ奉り、三宝を紹隆して、共に彼岸を遂げ、六道に普遍する法界の含識も、苦縁を脱することを得て、同じく菩提に趣かむ。司馬鞍首止利《しばくらつくりのおびととり》仏師をして造らしむ。

「天皇」号が使用されていたら、仏教の権威者を「法皇」と対比的に呼んだということは、ありそうなことだが、仏教の権威を「法皇」と呼んでいるからといって既に「天皇」号が使用されていたとは限らない。とはいえ「法皇」という表現があることは、「天皇」号の使用が既に始まっていたことを伺わせるものであるとはいえるだろう。

それで天武天皇の時期に天皇号使用が始まったという論者は、この「釈迦三尊像」の光背銘も後世の偽作だと決めつけるのだ。その第一の論拠は「法興」年号の使用である。年号は「大化」年号が最初だから「法興」年号など存在しないというのだ。

しかしこれも藪蛇である。存在しない年号を偽作の光背銘に果たして書き込んだだろうか。それは自ら発覚してしまうと分かる嘘をついたことになる。だから偽作だとしたら、「法興」年号が存在していたことを知っていて、本物らしくみせるために「法興」年号を書き込んだ筈ではないか。だからたとえ光背銘が偽作だとしても、「法興」年号が存在しなかったことの証明にはならないのである。逆に法興年号が存在したらしいことを伺わせる根拠になるのだ。

「法興」年号を私年号とか寺年号とかに分類して、民間で勝手に年号を作って使っていたという解釈もあったが、しっかりした根拠があるのだろうか。太子の病気平癒や菩提を祈念したものなので、私年号や寺年号ではないだろう。

また年号は「大化」からといわれているが、「大化」年号が入った史料がなかなか見つからない。ただし『宇治橋断碑』には「大化二年」に宇治橋が架橋されたとある。しかし七世紀の碑文は上部しか残っておらず、「大化二年」の部分は鎌倉時代の『帝王編年紀』を参照して江戸時代に再現したものだ。それで『宇治橋断碑』にも疑惑をかけて、「大化の改新はなかった」という門脇禎二らのキャンペーンが学界を賑わしたことがある。その頃（一九六五年頃）私は立命館大学の日本史学専攻の学生だったので、気鋭の門脇先生の勇姿を鮮やかに覚えている。しかし渡来人である道登《どうと》の業績を称える碑にわざわざありもしない年号を書き込むだろうか。大いに疑問である。

　蘇我物部戦争に勝利した蘇我氏の主導のもとで仏教を盛んにする国造りが定まり、法興寺の建立が進んでいたので、「法興」年号はあってもおかしくない。では何故法興年号はなかったことにされたのだろうか？　それは蘇我宗家が後に六四五年の「乙巳《いっし》の変」クーデターで滅ぼされた結果、蘇我氏主導の時代を否定するために「法興」年号を消してしまったからではないか。

宇治橋断碑　宇治市放生院

3　天武天皇が唐の高宗の天皇号使用に追随したのか？

猿まねで天皇号を始めしに唐やめたるにいかで倣わぬ

推古天皇の時期に天皇号が使用されていたという史料はまだ二、三あげることはできるが、それは森田悌著『日本古代の政治と宗教』(雄山閣出版、一九九七年)を参照願うことにする。

最近は、天武天皇が最初の天皇という説の方が有力になっている。それは西暦六七四(上元4)年、唐の高宗が「皇帝」を「天皇」に変えたので、日本でもそれを見習ったという説である。しかし素朴に疑問なのは、それまでは日本は、大王《おほきみ》だった。それが天皇になったわけである。日本がそれまで皇帝だったのが、中国で天皇にしたので、日本も天皇にしたというなら理解しやすいのだが、そうではないのである。

天武天皇始用説では、西暦六八九年に編纂された「飛鳥浄御原令《あすかきよみはらりょう》」において「天皇」の称号が正式に採用されたとされている。唐は老子の姓が、唐の皇帝と同じ李なので道教を奨励しており、道教の最高神である天帝の言い換えである「天皇」にしたらしいということである。

唐の高宗は病気がちで実際の政治は則天武后が仕切っていた。そこで則天武后は、高宗の格を皇帝から天皇つまり天帝に引き上げることで祭り上げ、独裁体制を固めようとしていたのである。そのような事情が分かっていたとしたら、天武天皇は唐の追随をして、実権のない天皇号を採用しようとしただろうか。

天武天皇のカリスマ性は強く、実権を皇后に握られていたようなことはない。六八六年に病没したが、病気になった年に亡くなっているので、天皇に祭り上げて皇后が実権を握る必要もなかったのである。それに唐に追随して天皇号を採用したのなら、唐が天皇号の使用をやめたのに日本が続けた理由が説明されなければならない。そもそも律令体制を唐に学んできたのだから、地上の最高権力者は皇帝でよいのだ。

筑紫都督府古址記念碑

岩波書店から出ている『日本思想大系3　律令』の「令巻第七　儀制令　第十八』を引用しよう。

「天子。祭祀に称する所。天皇。詔書に称する所。皇帝。華夷に称する所。陛下。上表に称する所。太上天皇。譲位の帝に称する所。」とある。

これによれば「天子」という称号も使っているうえ、唐に対しても

「皇帝」と称していたのだ。日本は、朝貢はしていても、唐の冊封《さくほう》を受けていないので、倭王とか日本国王を名乗らなくてもいいのである。

この律令によれば、天皇は皇帝が詔勅を出す時の称号である。だから唐の高宗の場合のような祭祀上の名前ではない。祭祀をするのは天子としてなのである。

では何故、華夷《かい》に対して「皇帝」と称して「天皇」と称しないのか、それは道教の最高神である天帝と天皇大帝は同じ意味だからである。中国では皇帝は天帝の命が降って皇帝になるのだから、日本の皇帝が天皇なら、中国の皇帝に命を下せるような格上の存在になってしまうのだ。そのことを考えれば、唐から律令制を見習おうとする倭国が、皇帝より格上の称号をわざわざつけるのはどう考えても奇怪なことだと言わざるを得ない。

そこで何故天皇号を採用したのか、別の理由を考えなければならないだろう。その際に、それは推古天皇の時期からか、天武天皇になってからかでは歴史的な背景が異なってくる。それで天武天皇の時期に限定する議論では、その理由を探りにくくなるので、天武天皇が天皇号第一号だという仮説を批判しておいたのである。

それに天武天皇が高宗に追随する筈がない理由に、高宗が倭国の仇敵だったことが挙げられる。唐の高宗は、百済を滅ぼし、白村江《はくすきのえ》の戦いで倭の水軍を壊滅させ、博多に郭務悰《かくむそう》率いる二千の兵を半年間駐留させて都督府を名乗り、侵攻の機を窺っていたのである。

4　天帝＝北極星＝天之御中主神＝天皇

御中主高天原の長なるに差し換えられしに障りあらすや

天皇大帝《てんこうだいてい》は道教の最高神である。俗に天帝と呼ばれているのは、道教では天皇大帝なのだ。だから日本で大王が自らの称号を皇帝では満足せずに、天皇《てんのう》まで望んだのはよほどの事情があったはずであり、その理由を解明しなければならない。

天帝は中国では天の中心を意味することから、実体としては北極星だとされていた。この北極星は日本神話では天之御中主神である。この神が中心にあって、初めてその周りをめぐる天体の巡回が成り立つのだ。それで万物に先立って存在し、万物を生み出す働きがあるとされている。そして高御産巣日神《たかみむすひのかみ》・神産巣日神《かみむすひのかみ》とともに造化三神《ぞうけさんしん》と崇められたのである。その中でも中心は天之御中主神である。

最初に現れ、万物を産んだということで、天之御中主神こそが主神であるという解釈があった。本居宣長《もとおりのりなが》も造化三神の役割を強調したが、平田篤胤《ひらたあつたね》に至っては、高御産巣日神と神産巣日神は天之御中主神の脇侍のような存在であり、天之御中主神は超越的な唯一神に近い万物の創造主的な捉え方をされていたのである。

日本大学講師佐々木聖史の「明治初期における天之御中主神論」（明治聖徳記念学界のサイトより）

平田篤胤像　京都大学蔵

によれば、この平田神道の影響を強く受けて明治初頭の国家神道は、天之御中主神を中心とする神学体系であり、天照大御神は皇祖神としての位置づけであったようだ。

しかし皇祖神を絶対化しないことには、天皇の権威づけとしては不十分だとして、この天之御中主神主神論は退けられたのである。天照大御神が高天原の支配者であるので主神だとし、天皇は天照大御神の御子として他の神々を支配できる神となり、天皇教的な性格を強めたのだ。

従って宣長・篤胤は、始原神、創造神としての天之御中主神に注目したものの、天之御中主神と天皇との関係を見落としていた。これは現人神についての理解が不十分だったからではないかと思われる。

人を神として信仰する際に、その対象が現人神と呼ばれる。天皇も神とされるが、人間の姿であるので現人神なのだ。ただし、日本神話では、天照大御神の孫が邇邇藝命であり、その曾孫が磐余彦であり、それから代々天皇家が続いているとされている。それらの神々は皆人間の姿をとったのだ。

つまり空の太陽が天照大神なのだが、太陽神信仰を司る者の中には、自分を太陽神天照大神の化身として位置づける者が出たのである。その上、その信仰を部族に強制して、カリスマ的な統治を行ったのだ。もちろん人には違いないので、年老いていくし、病気や事故で死ぬけれど、祭祀を通して現人神として機能したのである。

その意味で天之御中主神は、天にあっては天の中心であり、北極星なのだが、現人神としては、世界の中心である人つまり天皇なのである。元々天皇は天帝の言い換えに過ぎない。それは実体としては北極星である。天之御中主神も宇宙の始原であり、中心として信仰されている北極星に他ならないのだ。だから天皇は地上の北極星天之御中主神なのである。

大王として統治していた時期は、その権威を宗教的には皇祖神から得ていたのだ。皇祖神がだれであったかは、これから検証すべきことである。ともかく大王は自分を天之御中主神であるとは自覚していなかったのだ。

では何故、大王を天皇つまり天之御中主神の称号で呼ぶことになったのかを検討しよう。天之御中主神は神々の始原であり、中心である。その上、世界を生み出す力である造化三神の中心だったのだから、元々は主神として崇められていたと想像される。

ところが恐るべきライバルが現れたのだ。それが太陽神である。それは世界を明るく照らし、隠れると世界は闇に包まれるほどの威力で圧倒している。世界に熱と力を与え、命を育むのである。特に農耕をしているとそのありがたさは実感され、その力にすがりたくなるので、先ず第一に祭祀せざるを得ない存在である。
祭祀の体系において天之御中主神を主神とする信仰から太陽神を主神とする信仰に転換を迫られた時に、どう大王は対応すべきかというのはさぞかし難問であっただろうと思われるのである。『隋書』「俀国伝」では兄王である「天」が未明に出てきて政を行い、日の出とともに仕事をやめて、弟に委ねたということである。弟は「日」で朝から政治を行ったらしい。次に引用しておこう。

「開皇二十年、倭王姓阿毎、字多利思比孤、號阿輩雞彌、遣使詣闕。上令所司訪其風俗。使者言倭王以天為兄、以日為弟、天未明時出聽政、跏趺坐、日出便停理務、云委我弟。高祖曰：「此太無義理。」於是訓令改之。

開皇二十年（西暦六〇〇年）、倭王、姓《かばね》は阿毎《あめ》、字《あざな》は多利思比孤《たりしひこ》、号は阿輩雞彌《おほきみ》、遣使を王宮に詣でさせる。上（天子）は所司に、そこの風俗を尋ねさせた。使者が言うには、倭王は天を以て兄となし、日を以て弟となす、天が未だ明けざる時、出でて聴政し、結跏趺坐《けっかふざ》（座禅に於ける坐相）し、日が昇れば、すなわち政務を停め、我が弟に委ねるという。高祖が曰く「これはとても道理ではない」。ここに於いて訓令でこれを改めさせる。
この文章で気になるのが、この時期には大王は額田部皇女だったので女性のはずが、何故か

「兄」と記されていることである。それでこれは大和の倭国のことではなく筑紫倭国のことではないかという疑問も生じることになった。

「倭王姓は天、字は帯（足）彦、大王《おほきみ》と号す」ということでだろう。彦だから男王である。ということは兄が豊御食炊屋比売大王（額田部皇女、推古天皇）とすると、弟が廐戸皇子《うまやとのみこ》なので、男の廐戸皇子が大王で遣隋使を遣わしたことになり矛盾してしまう。

　この問題は実に解釈に窮する問題だが、摂政に外交も丸投げということで、派遣した「おほきみ」は摂政廐戸皇子だと思われる。すると大王は豊御食炊屋比売大王ではなかったのかと反論されるかもしれないが、「王」だけで「おほきみ」とも読んでいたのだ。だから廐戸皇子は「おほきみ」と呼ばれていたけれど「天の下知ろしめすすめらみこと」ではなかったのである。正式の「大王《おほきみ》」である「天の下知ろしめすすめらみこと」は豊御食炊屋比売《ひめ》大王だったということになる。

　兄・弟問題だが、日本では兄姫《えひめ》、弟姫《おとひめ》とも呼び、必ずしも兄弟は男子とは限らない。だから女王ということなら、なにかと説明が面倒と考えて、大王を兄、摂政を弟ということですませたのかもしれないのだ。

　では何故、兄が「天」で、弟が「日」なのだろうか、それは兄が主に天を祀る儀礼を行っていたのである。その対象の中心は天之御中主神であり、月讀命である。また息長帯媛《おきながたらしひめ》以降はオリオン三連星の祭祀も行っていたと思われるのだ。

それでは弟である日は太陽神を祭祀していたのだろうか？　いいやそうではない。六世紀末の飛鳥時代に朝廷には日常の太陽神儀礼は存在していなかったのだ。だから日は日中という意味で、弟は日中政務を行っていたということである。

もし太陽神が主神だったか、それとも大王家の祖先神だったのなら、大王が夜祭祀していたことはあり得ないのだ。それゆえ天照大神は六世紀末までは、朝廷祭祀の主神でも大王家の祖先神でもなかったということになる。このことはもはや疑う余地がないのである。

こうしたやり方に対して隋の文帝楊堅は「これはとても道理ではない」と訓令して改めさせるようにしたのである。

倭国は冊封国《さくほうこく》ではなかった。それで命令されて改めなければならない義務はなかったのだ。しかし、夜中に天を祀る祭祀で農耕を中心とする河内・大和などの倭国を治めていくのには限界を感じていたと考えられるのだ。

朝廷でどういう議論があったのかは伏せられているので分からない。なぜなら主神や皇祖神を変更したなどは記録に残せないからである。そりゃあそうだろう、主神は宇宙を作り、その中心に君臨していた絶対者だから、その地位をだれも引きずり降ろせるはずはないのだ。そんなことをするのはとんでもない瀆神《とくしん》であるのだから。

また皇祖神も任意に決定できるものではなく、すでに過去において定まっていたわけである。その過去を変更することはごまかしでしかない。それは当然皇祖神に対するはなはだしい冒瀆、忘恩である。だからそういう議論に対して豊御食炊屋比売大王は恐らく神々への罪を意識して反対しただろうと思われるのだ。

しかし、摂政廐戸皇子や蘇我氏の反応はどうだっただろう。彼らには仏教や儒教の教養があった。だから神道の祭祀というのを、仏教や儒教からも見直すことができたのではないだろうか。つまり既成の教義を絶対視せずに、相対化することもできたのかもしれない。

大王の祭祀は何のためのものなのか、儒教から捉えれば、神々の力をかりて国を安んじるためのものである。豊作が続き、疫病もなく平穏な時には何を祀っていてもみんな納得しただろうが、周知のように、大八洲は災害の多い島国である。凶作や疫病、震災や洪水などの被害をしばしば被っている。ところが朝廷は何やら夜中に天を仰ぎ、星や月に祈っているだけである。何故、実りをもたらす日の神や水の神や大地の神を中心に祀らないのかと反発する人々も多かったのではないだろうか。

記紀によると、豊鍬入姫命《とよすきいりひめのみこと》が崇神天皇六年に、父帝の命で天照大神を宮中から笠縫邑に遷し祀り、以後、垂仁天皇二十五年に姪の倭姫命《やまとひめのみこと》と交替したことになっている。倭姫は伊勢に宮を遷して天照大神に御杖代《みつえしろ》として仕える斎宮《さいぐう》職に就いている。

元々太陽神を祖とするのは饒速日神を族長とする物部氏であった。大和・河内は物部氏が太陽神の祭祀を仕切ってきたのである。だから大和・河内の農民たちは饒速日王国の時代から宗教的には物部氏に頼ってきたと言えるだろう。朝廷の夜の儀礼などには関心も期待もなかったのではないか。

　それに崇神《すじん》天皇のときは祟り神として天照大神と大物主神は捉えられていて、祟らないように王女、王妹を祟り神に嫁がせて、祟りを鎮めようとしたのだ。

　ただし、天照大神が現人神として物部氏のトップにいると、物部氏が朝廷の実権を握らないとも限らないので、物部氏の現人神は饒速日神に限定し、その代わり、天照大神を御杖代が祭祀することにしたわけである。御杖代というのは、杖は男性性器のシンボルなので、それが寄り付く依代《よりしろ》ということで神の花嫁である。

　三輪山の大物主神の御杖代が百襲媛である。おそらく伊勢の天照大神は鏡が御神体として祀られただけで、現人神はいなかったので、神の花嫁とは言え、祭祀上のことで、斎宮は淋しい思いをしただろう。

　伊勢の天照大神信仰では、河内・大和の農業神としては大した役割は期待できないので、太陽神信仰に関する限り、物部氏の力は絶大だったと思われる。おそらく伊勢神宮の巫女たちも多くは物部氏出身だっただろう。

　ところで、その物部氏の宗家《そうけ》が、仏教導入に強行に反対し、用明二年五八七年の丁未《ていみ》の乱（蘇我物部戦争）の結果、滅ぼされてしまったのだ。そこで蘇我馬子か、あるいは蝦夷の発想かもしれないが、廐戸皇子に次のような入れ知恵をしたのではないだろうか。

　物部氏の太陽神は饒速日信仰に限定させ、天照大神の信仰を朝廷の祖先神信仰として行うようにしてはどうか、またそれに伴い、夜の儀礼は止めにして天之御中主神は主神から隠退してもらい、天照大神を主神にすればいいと進言したのである。これまで大王家の祖先神とされてきた月讀命は、説話を作り替えて大王家とは縁もゆかりもなかったことにしましょうというのだ。

あるいは廐戸皇子がこの発想を思いついて蘇我馬子に相談した可能性もある。これはある意味天才的な発想なので物語としては廐戸皇子が思いついたことにしたほうが、聖徳太子の呼ばれるだけのことがあるということになって、都合がいいだろう。

そこで最大の問題は、主神を降ろされた天之御中主神や皇祖神を差し替えられた月讀命が怒りはしないかということである。神々の身になって考えてみれば、その怒りはさぞかし激しいものに違いないと想像がつく。天が割け、地が割れるようなこの世の終わりに成るかもしれないのではないだろうか。朝廷の勝手な都合で差し替えられた神々の身になって考えるのも「もののあはれをしる」ということである。

読者たちよ、廐戸皇子の気持を幻視してみよ。彼の身になって考えるのだ。いかに廐戸皇子が英明でも神々の怒りだけは、身震いしただろう。それで相当もがき苦しんだに違いない。何日も何日も悩みぬいたあげく、きっぱりとこう言ったのではないだろうか？

「そうなればみんな一緒に滅びるまでのことだ。天之御中主命は中心の神で世界を生み、支えてこられた、これからもそうされるだろう。怒りのあまり世界を滅ぼされることはないと信じたい。

仏教は慈悲を強調している。慈悲からでたことなら御仏の加護があるはずだ。それに我々にできることは御仏の力もお借りして、国を安んじる慈悲に基づくことだと神々に理解していただき、この罪を許していただけるようにお祈りすることである。月讀命も御仏の力で慰めていただくしかないのだ。あくまで民を安んじ、国を長久にするためだから、御仏はきっと月讀命の怒りを鎮めてくださるにちがいない。」

全く史料は残されてないので虚構で書くしかないが、仏教の力をかりて神道の改革を行うという発想は、神道に拘りがなかった蘇我氏には納得されやすい論理だっただろう。蘇我馬子の子蝦夷は同調したかもしれない。次は蘇我蝦夷の気持になって幻視してみよう。

「さすが太子は聡明です。今は絶好の機会ではないでしょうか。一つは物部宗家は滅んだので、彼らの祭祀権を限定してしまうということはできないことではありません。また仏教を導入し、仏国土を築くという課題が最優先になったので、神道のこれまでの教義はもはや絶対に固定したものと考える必要はないのです。主神差し替えも皇祖神入れ替えも、これまでの教義が間違っていたのであって、それを訂正するということなのです。」

さすがに馬子はこの意見には面食らったかもしれない。私には馬子がこう呆れる台詞が聞こえてくる。「過ぎ去った過去を変えられるのか、私がそなたの父であることも、改革にとって必要とあらば変えてもいいというのか」と聞き返したのではなかろうか。

蝦夷は平然とこう言ったかもしれない。

「口伝えに伝えていく時に、血のつながりについても随分変わっていくものと言われています。半島や大陸から祖先が来ていても、この国の神々の血を受け継いだことにしてしまう輩も多いではありませんか、出自や血のつながりを偽るということは、この地で溶けこんで暮らしていくための方便になっていると思われます。」

「大王家が率先してそれをすればこの国の秩序どうなる。世も末ではないのか」と馬子は案じたかもしれない。

このように台詞などで想像をたくましくしてフィクションを入れていくと、それはもう歴史学ではなくて、歴史文学、歴史物語の世界だよと批難されそうである。本書のテーマの一つがそこにあるのである。

まだ七世紀まではこれが歴史的事実だと科学的に確定できることは極めて少ないにも関わらず、歴史研究者たちは、科学的に実証された歴史的事実を語っているつもりになっている。神道改革は秘められていて、どんな議論がなされたか文献からは分からない。ここは想像を巡らせて歴史物語で補い、歴史知的に了解すればよいのではなかろうか。古代史学から歴史知を排除すればほとんど書けなくなるのだ。

話を戻そう。朝廷が夜の儀礼に固執して、今後もそれで国をまとめるのは、いかに蘇我氏の力が強大とはいえ、とてもできることではない。朝廷の権威を保ち、蘇我氏の強盛を維持するのは難しいだろう。

物部氏は宗家が滅亡してその勢力は随分衰退した。しかし祭祀の方法がこれまで通りでは、人民は太陽神信仰に依存して農耕をしているので、勢力を盛り返してくるだろう。そうすれば仏教の布教にも支障がでてくる。この機会に天照大神を皇祖神にして物部氏は部族だけの太陽神饒速日信仰に閉じ込めておけば、蘇我氏の脅威ではなくなるということである。

物部氏は宗家滅亡後、各地の神社に禰宜として潜り込んでいただろう。主神および皇祖神変更で天之御中主神や月讀命を祀っていた神社は、天照大御神に差し替えるかさもなければ、神社を廃止するかを迫られることになる。物部氏の残党はこれに反発してくるので、謀反の動きとして弾圧すればいいというのが蘇我氏の論理であった。

もちろん物部氏らの抵抗勢力にとっては理不尽な主神・皇祖神の差し替えである。それで、強行することによって蘇我氏の独裁的傾向が加速されることにもなっただろう。しかしそれをしなければ、農耕民族なのに天之御中主神を主神とし続けることで、朝廷の宗教的権威が形骸化することになりかねないのである。

しかしさすがに天之御中主神を主神としてこれまで祭祀を行ってきたのに、急に天之御中主神を祀らないようにいうのでは、天之御中主神に申し訳がたたない。きっと豪族たちは祟りを恐れるので、説得は困難だっただろう。

そこで厩戸皇子が考えだしたのが大王の称号を天之御中主神にすることである。とはいえ「〜の天之御中主神」では呼びにくい。道教では最高神天皇大帝《てんこうだいてい》の実体が北極星である。天之御中主神も北極星なのだから、天之御中主神と呼ぶ代わりに天皇大帝、略して天皇と呼ぶことにしたのである。

残念ながら、この発案が厩戸皇子だという史料は、今となっては見当たらない。このアイデアがなかなか凄いので聖徳太子の発案と呼ばれるに相応しいという意味である。本当は蘇我蝦夷かも知れないし、別人かもしれない。

この発想は倭人神話の現人神というものを理解していないと出てこない。倭人神話には、自然がそのまま神であるという素朴な自然信仰が基調にある。その上で、自然神を意志を持って行動する主体として見出そうとした。それで個人がその自然神と同一視されるのである。つまり北極星が天之御中主神であると同時に、北極星が天の中心であるように地上における中心である人物が地上の天之御中主神なのであり、天皇と呼ばれるのである。

このことによって天之御中主神は、まるで中島みゆきの『地上の星』だが、地上の北極星である天皇として崇拝されることになる。天皇信仰、天之御中主神信仰の精神は、世界や物事には中心がある、中心があることでその世界や事物を構成する要素が集まり、世界や物事が生じるというところにある。つまり中心が存在を生み維持している。中心があり続けることによって存在が維持されるという信仰なのだ。

こうして天皇が坐《いま》して、国が生じ、天皇が坐ますことによって国が維持され、そのことによって民草の安定した暮らしが保たれるという天皇信仰が成立した。北極星はありさえすればいいのであって、それ自身強い光や強い作用をする必要はない。もし強い光や作用によって中心であるのなら、光が弱まったり、作用が弱まることで、世界は危機に陥ることになってしまう。むしろ無に近い存在でいいのだ。存在が信憑されてさえいればいいのである。

実際、何千年という単位で見ると、天の北極に位置する星は入れ替わっている。いつまでも北極星であるわけではないのだが、そんなことは知られてなかったので、問題はなかったのである。天皇もだから強力な権力意志を行使しなくてもいい、ただ存在することが大切だったのだ。当時は強大化した蘇我馬子が強権を振るい、摂政の廐戸皇子が知恵を絞って豊御食炊屋比売（額田部）大王を支えていた。その意味で豊御食炊屋比売大王は、まことに天皇と呼ぶに相応しい存在であったと言えよう。

ここで忘れてはならない問題がある。天之御中主神は高天原の主神だった。本書では高天原を天空のかなたにあると考えるのではなくて、朝鮮半島の南端、任那・加羅の地であったと比定している。それで、かつては任那・加羅に現人神としての天之御中主神が代々継承されていたと想定される。それならむしろそちらの方が本家筋である。無視するわけにはいかない。

幸か不幸か、西暦五六二年に新羅によって任那は滅亡させられた。その際に天之御中主神の一族は殺されてしまったかもしれない。ともかく七世紀の初頭には、現人神としての天之御中主神は存在していなかったから、廐戸皇子に大王の称号にしようというアイデアがひらめいたと考えられる。

高天原という宗教色の強い呼び方に惑わされて、高天原を本当に天空のものと考え、宗教的なメガネをかけて見てしまい、観念的な存在と受け止めていたので、任那・加羅の位置づけを日本の歴史学者たちは根本的に間違えていたのではないのか。

高天原・海原・大八洲という地理的な南北関係があり、倭人の南下とフロンティアの歴史があったのだ。神話という潤色に嵌められてしまって、倭人の根拠地・本家としての高天原＝任那・加羅を見落としては、実証的な歴史学者とは言えないのではないか。

とはいえ、五世紀以降は、倭人の有力な家系のほとんどは大八洲に渡ってしまっていたので、高海原から高天原と天空化され、任那・加羅は、むしろ大和政権の半島での拠点であり、強盛大国化した河内王朝の出先機関となってしまった。だから記紀での扱いも大和政権の属国のごとく扱われているのである。

5　北極星信仰から太陽神信仰へ

海人《あまひと》の頼りの星は御中主、日の神の恵みならずや秋の実りは

梅原猛・吉村作治の『太陽の哲学を求めて』によれば、北極星信仰から太陽信仰への鞍替えは、移動から定住への変化と関係が深いようである。海運や水産で暮らしている海洋民族や砂漠を移動して遊牧や通商を行う民族は、北極星などの星辰信仰が中心だった。

しかし通商民族も定住して農耕中心に成って来ると、太陽神信仰が中心になってくる。エジプトの統一王朝を作り上げたのはメソポタミアから侵入した人々で、通商や遊牧で移動していた。彼らはジッグラトの技術を発展させてピラミッドを作り上げた。そこには北側に入口があり、その通路からは当時の北極星であるりゅう座α星（トゥバン）が見えていたのである。

しかしエジプトの在来民は太陽の動きで暦をつくり、洪水などにも備えていたので、ピラミッドの東側に入口を作った。だから一つのピラミッドに北極星信仰から太陽神信仰への変化の歴史が残されているのである。結局エジプトは農耕中心なので、太陽神ラーの信仰が中心になっていったのである。

中国では天帝が天界を支配する最高神で、この天帝の命が下って皇帝になる。道教では天帝を天皇大帝と呼ぶが、その実体は北極星である。そこで皇帝は北極星の威光を受けて支配するので、北を背に南面したのである。

もちろん中国も農耕が中心なので、太陽神信仰もあったようだ。三皇の一人太昊伏羲は太陽神でもある。とはいえ中国では陰陽思想が強く、太陽や月自体は神格化しないで、太陽が陽の代表格で、月が陰のシンボルになっている。

では倭国は元々通商民族あるいは海洋民族だったのだろうか？　実は本書の重要な前提になっているのが、この命題なのである。日本列島は古くは大八洲と呼ばれていた。そこに倭人三国が形成されて、その興亡の結果大和政権に統合されたというのが本書の内容なのだが、大八洲の倭人三国に植民する原倭国は海原の国だったという仮説を立てているのである。
海原といっても、日本海の朝鮮半島南端から対馬・壱岐、九州北岸にかけての津（港町）の連合体として倭人連合が形成されていたと考えるのである。もっともそれは大八洲との通商がさかんになったので、結成された連合であり、それ以前は半島南端部の加羅などに倭人の集落があったと考えられる。それが神話でいう高天原に当たるのだ。
原倭国が壱岐・対馬を中心とする海原の国だったことは、『後漢書』「東夷伝」から裏づけられる。

建武中元二年倭奴國奉貢朝賀使人自稱大夫倭國之極南界也光武賜以印綬
建武中元二年、倭の奴國、貢を奉り朝賀す。使人自らを大夫と稱す。倭國の極南界也。光武、印綬を以て賜ふ。

この金印「漢委奴國王《かんのわのなのこくおう》」が博多湾の志賀島《しかのしま》から発見されたので、倭国の南端が九州北岸だということになる。では倭国北端はどこだっただろう、それはやはり朝鮮半島南端部ということになるだろう。というのは倭国の中心がどうも壱岐と考えられていたらしいからである。『古事記』の国生みでは「壱岐」の別名を「天比登都柱《あめのひとつはしら》」つまり「天一柱」と呼んでいた。天に通じる柱はやはり中心に立っていないと安定しないだろうから、この名から壱岐は倭国の中心にあり、そこで祭祀が行われていた名残と思われる。

博多湾の志賀島で発見された金印　島根歴史博物館

韓国・朝鮮の研究者は、古代に倭人の勢力圏が半島にあったことを否定したり、倭人が度々侵攻したりしたことを否定したがる傾向が強い。これは倭人を大八洲の住民という固定観念で捉えているからである。

元々倭人は遼東半島のあたりにいたかもしれないのだが、戦国・秦末の争乱を避けて、やがて半島南部に移り住み、海洋に進出して、海運・水産で栄え、日本海の島々に拠点を築き、そして、続々と大八洲に植民していったようだ。とはいえ数的には縄文時代からの列島人の方が多かったので、衝突もずいぶんあっただろうか、次第に融合する形になった。

最近の韓国・朝鮮の研究者は日本を七世紀になって新羅の半島統一で追われた百済・高句麗の渡来人が建国したと受け止めているようだ。しかしそれは弥生時代や古墳時代の遺跡などを全く無視した議論で説得力はない。

だから原倭国あるいは海原倭国と呼ぶ壱岐・対馬を中心にする海洋国家では、天之御中主神を中心にする信仰があったと考えられる。それが『古事記』に最初に登場する神が天之御中主神であるというところに名残をとどめているのである。

ところが河内・大和の農耕地帯では元々太陽神信仰でないと統治が困難だったのである。河内の人々は生駒連峰から昇る太陽を、大和の人々は三輪山から昇る太陽を崇めていた。そして伊勢の二見が浦の夫婦岩から昇る太陽も太古から崇拝されていたと思われる。

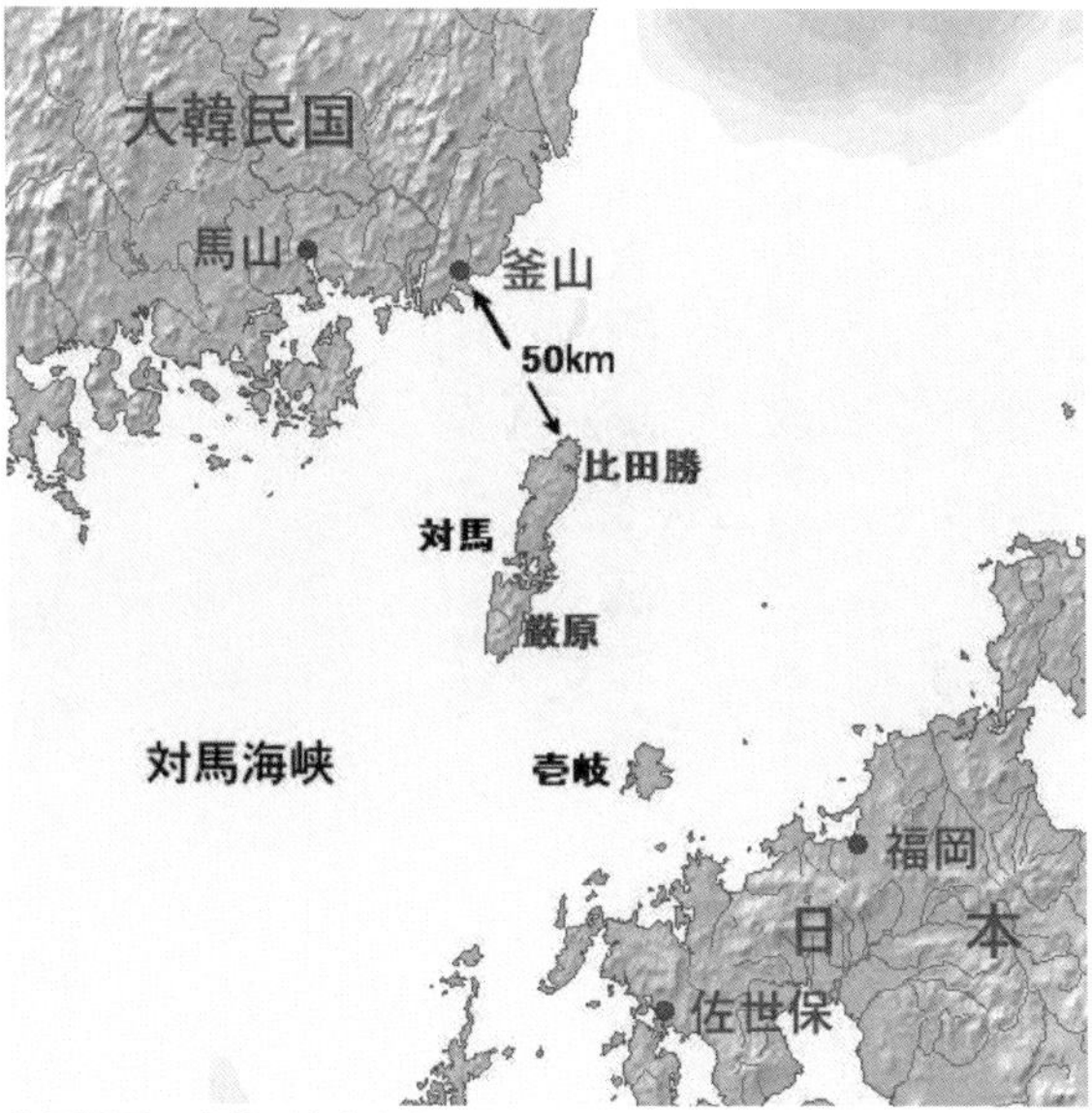

海原倭国は北端が半島南端、南端が九州北端部

おそらくどの峰からのぼるかで暦が分かるので、それを見て、農耕の歳時を判断していたと思われる。そういう地域に北極星やオリオン星、月などの夜の祭祀を持ち込んで、それで統治しようとしてもなかなか理解されなかったのではないだろうか。だから支配者が騎馬民族や海洋民族でこの地に乗り込んできた場合に、武力や土木技術などである程度支配できても、祭祀面では調整が難しかったと思われるのだ。

第二章　三貴神の誕生と天降り

何故に貴神《うづがみ》なりや三貴神建てたるゆえか三つの倭国を

1　天照大神が主神でなかったとしたら

汝命《なれみこと》日の食国《をすくに》を知らしめよ、高天原の主にはあらで

『古事記』や『日本書紀』は天照大神が高天原を支配する主神であることが大前提で書かれている。しかし六世紀末まで、『隋書』「俀国伝《たいこく》」（本書40頁参照）では、倭国は夜の朝廷儀礼をおこなっていて、記紀に書いてあるような太陽神天照大神《あまてらすおほみかみ》を主神とする国ではなかったようなのである。

もし天之御中主神を七世紀以降も主神としていたら、当然記紀神話の内容は異なっていただろう。つまり記紀神話というのは、元の伝承されていた神話を少なくともその部分は作り変えてい

る筈である。だから記紀の元になった伝承では天之御中主神が主神として活躍し、天照大神は主神ではなく描かれていたことになる。

『日本書紀』では聖徳太子の時代に『国記』『天皇記』の編纂《へんさん》があったことになっているが、推古天皇が最初の天皇だという我々の仮説でいけば、それ以前に伝承のその部分も改変されたと思われる。

その部分とはどの部分なのか、それは天照大神が高天原の主神であると示された部分である。その部分を取り上げてどう改変されたか検討すべきだ。『古事記』では三貴神の誕生を次のように記している。

此時伊邪那伎命大歡喜詔。吾者生生子而。於生終得三貴子。即其御頸珠之玉緒母由良迩【此四字以音。下效此】取由良迦志而。賜天照大御神而詔之。汝命者。所知高天原矣。事依而賜也。故其御頸珠名謂御倉板擧之神【訓板擧云多那】次詔月讀命。汝命者。所知夜之食國矣。事依也【訓食云袁須】次詔建速須佐之男命。汝命者所知海原矣。事依也。

この時伊邪那伎命いたく歡喜《よろこば》して詔《のりたま》はくに、「吾《あ》は子を生み生みて、生みの終《はて》に三柱の貴子《うづみこ》を得たり」と。即《すなは》ちその御頸珠《みくびたま》之《の》玉緒《たまお》もゆらにとりゆらかして、天照大御神に賜《たま》ひて詔ふに、「汝命《なれみこと》は、高天原を知らせ」と。事依《ことよさ》し賜ひしなり。故《かれ》、その御頸珠の名を御倉板擧《みくらたな》之《の》神《かみ》と

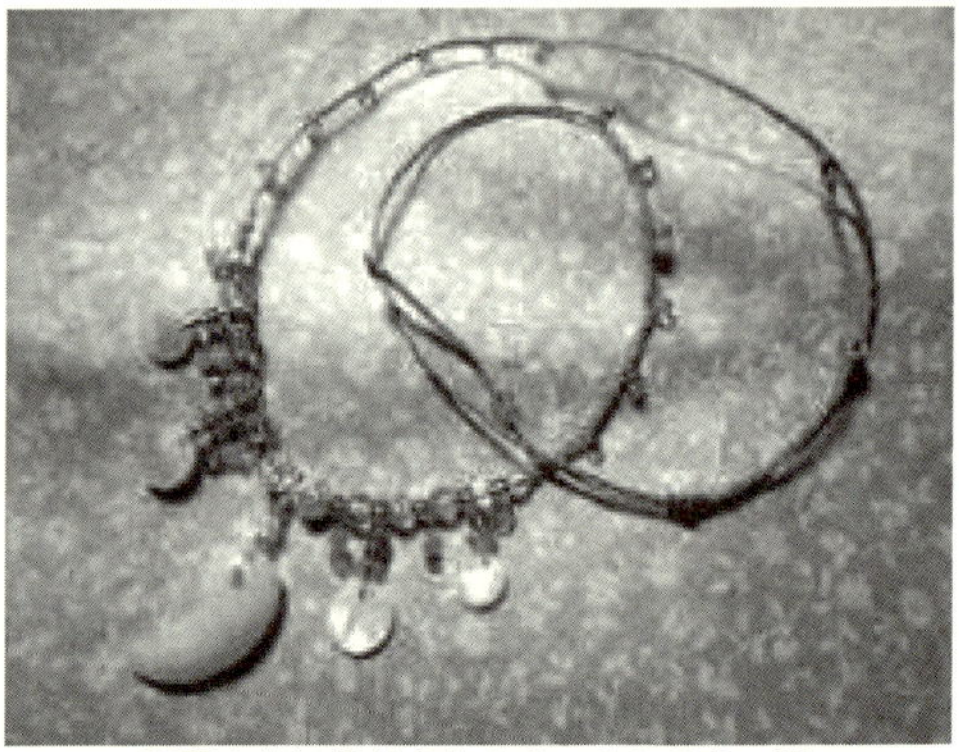

天照大神に授けられたネックレスの一種

謂《い》ふ。次に月讀命に詔くに、「汝命は夜之食國《をすくに》を知らせ」と。事依ししなり。次に建速須佐之男命《たてはやすさのをのみこと》に詔くに、「汝命は海原を知らせ」と、事依ししなり。

伊邪那岐命は黄泉の穢《けが》れを禊《みそぎ》で洗い落とした後、最後に三貴神を生んだということだ。左眼から天照大神、右眼から月讀命、鼻からハックションで建速須佐之男命の誕生だ。それで大変喜ばれて、私はこれまで子をたくさん生んできたが、生み終わるに際して三つの貴い神を生むことができたと言われた。つまり三貴神と並列的に述べられているのだから、この三貴神は貴さにおいて並列的なところがあるはずである。

だから文章的に言えば、なにかを父が授ける場合、三貴神にそれぞれシンボル的なものを並列的に賜るはずである、ところがここでは天照大神にだけネックレスをとってゆらゆらとゆり鳴らして授けている。珠を授けているので、これは後に天照大神と須佐之男命が宇気比《うけひ》（誓約）をする場面の伏線のつもりかもしれない。

それにしても天照大神だけに授けるなら、三貴神という表現に相応しくない。だから実はここでは三者にそれぞれシンボリックな物を授けたのだが、改作にあたって削られたと解釈できる。シンボリックなものといえば、天照大神には鏡、月讀命には三日月型の勾玉、須佐之男命には剣である。

では何故削ったのか？　天照大神が七世紀に女神にされたという仮説に立つと、天照大神に珠を授けたことにしたのは、女神の印象を与えるためだと考えられる。天照大神は陰陽では陽で、男神の印象が強い。そこで女神の印象を与えようと、鏡を女性器のシンボルと言われる珠に改変したのだろう。

月讀命に与えたはずの珠を、天照大神に与えたことに変更したので、月讀命について書けなくなったのだ。天照大神と入れ替えて、鏡を与えたりしたら、讀者に入れ替えたなと疑われてしまうので鏡とも書けない。そして須佐之男の剣を書くと、なぜ月讀命だけ書かないかと不信に思われるので、それも削除してしまったのだろう。

そして天照大神に「汝、命は高天原を支配しなさい」と仰せになったとある。この部分は天照大神が主神であることを意味する一番重要な部分なのだ。しかし、朝廷では六世紀末まで夜の儀礼だったのだから、元の伝承では、天照大神は、主神ではなかったのだ。では、天照大神は高天原ではなく、どこを支配するように命ぜられたのだろうか？　それは月讀命に対する命令から類推できるのである。

月讀命に対して伊邪那岐神は、「汝、命は夜の食国を支配しなさい」と仰せになっている。これと対と考えれば、天照大神に対しては「汝、命は日の食国を支配しなさい」と仰せの答である。食国というのは、人民に食物などの貢を出させて支配する国という意味である。だから「夜の食国」は夜の朝廷儀礼で支配する国ということになる。つまり月や星の動きで暦をつくり、歳時を定めて農事や祭りなどをさせるのだ。

「日の食国」は太陽の運行で、どの峰から陽が昇れば御田植祭をして、民間にもそれを倣《なら》わせるというような支配の仕方である。

そして須佐之男命には「汝、命は海原を支配しなさい」と仰せられた。海原といっても実は国のことなのだから、これは海原の国である原倭国のことである。つまり末っ子に跡を継がせる末子相続なのだ。

この部分の『日本書紀』は次のようになっている。

天照大神者、可以治高天原也。月讀尊者、可以治滄海原潮之八百重也。素戔嗚尊者、可以治天下也。

一書曰、伊弉諾尊、勅任三子曰、天照大神者、可以御高天之原也。月夜見尊者、可以配日而知天事也。素戔嗚尊者、可以御滄海之原也。

本文では「天照大神は高天原を、月讀命は青海原の潮の八百重《やほへ》を素戔嗚尊《すさのをのみこと》は天の下を支配しなさい。」となっている。これは天照大神を高天原に上げてしまったので、高天原が朝鮮半島の南端部とすると、海原である原倭国を月讀命に治めさせ、素戔嗚尊（須佐之男命）は大八洲《おほやしま》に進出して支配せよということかもしれない。

それならば、伊弉諾（伊邪那岐）は高天原の支配権をもっていることになるが、イザナギは壱岐・対馬を中心にした原倭国の支配者だ。大八洲にでかけて交易していたようだが、国生みに降り立ってから、高天原にいた様子はない。高天原の主神が天御中主神であるのなら、その補佐には高御産巣日神、神産巣日神などがいる筈である。

一書に曰くでは天照大神は高天原を支配し、月讀命は「もって日に配して天の事を知らすべし」となり、高天原で天照大神を補佐して一緒に支配しなさいということになっている。これに関連して、月讀命が天照大神の命令で保食《うけもち》の神を訪ねて大八洲に行ったときに、口から食物を取り出して出されたので、汚いことをすると怒って殺したという話がある。死体から牛馬や蚕、稲などが出てくるという食物神の話なのだ。須佐之男命にも大宜都比売（おほげつひめ）という食物神を殺す話があるのだ。この月讀命の無慈悲で残虐な行いで腹を立てた天照大神は、「汝は是れ悪しき神なり、相見じ」と絶交したために、昼と夜に分かれたというのが日月神話である。

これはいかにも月讀命が気性の荒い男性的な性格に見せるための改作であろう、須佐之男命の話を真似て後から入れたと思われる。

天照大神も月讀命も天に配してしまっては、大八洲における倭人の国づくりの話にならない。なぜこの三神が横並びなのかその意味が分からなくなる。だから元々の伝承は天照大神も月讀命も高天原に上げられたのではなかった。ともかく『日本書紀』も『古事記』同様天照大神を高天原の主神とする前提になっているのである。

2　夜の食国と日の食国

日下《ひのもと》の草香の宮に天照、筑紫の謂《いは》れは月地《つくじ》ならずや

三貴神にそれぞれ支配すべき国を示したので、各神は指定された国を支配したことになっているが、須佐之男命は伊邪那岐神の禊でくしゃみとともに生まれたので、父から生まれたのであり、母を見たことがない。それで余計に母が恋しくなって、泣き叫んで、母の国に行きたいと訴えていたのだ。父から命ぜられた海原の国の支配もしないで、森を枯らし、河海の水を枯らしてしまったほどであったということである。

『古事記』では、この話が三貴神の誕生のすぐ後に来ている。順序からいえば、天照大神が高天原に行って、支配しようとしたけれど、はたして高天原の神々はそれを素直に認めたのか、それとも伊邪那岐の意向を無視して天照大神に逆らおうとしたのかなどの話がその前に必要である。また月讀命は「夜の食国」にどのように天降ったのかが書かれていなければならない。また夜の食国がどこかという地域も明確でないと、物語として現実感がでない。元の伝承を変えたので、物語として体をなさなくなってしまったのである。

『日本書紀』の本文のように月讀命に海原を支配させたり、一書のように月讀命も高天原に行くことにしたりしたのは、蜻蛉洲《あきつしま》（本州）や筑紫に月讀命の国を認めると、後に論証するが、皇祖神が誰かという問題に絡んでくるので「夜の食国」を撤回してしまった結果なのである。

素直に三貴神が倭人三国を建国したと考えると、どうだろう。それぞれ倭人三国はどこのことだろうか。周知のように須佐之男命は八岐大蛇を退治して出雲を建国しているので、これは問題がない。「日の食国」は、饒速日神が太陽神の国を造ったと言われる河内・大和であろう。河内・大和は、古くから生駒連峰や三輪山に昇る太陽を拝んできた太陽神の地域である。それで河内・大和を「日の食国」とすると、夜の食国は当然筑紫ということになる。

まだ列島には多くの地域があるが、記紀で代表的な倭人の国と考えられるのは、大和倭国・筑紫倭国・出雲倭国である。では筑紫倭国が「夜の食国」であり、月讀命の支配した国であることはどう証明できるのか？

『釋日本紀　巻五』には『筑後風土記』の逸文が載っている。現代文にして紹介しよう。

「公望が案じますに『筑後国風土記』によりますと、

一、筑後国は、本、筑前の国と合わせて一つの国でした。

二、昔、この二つの国の間に険しくて狭い坂がありまして、往来する人の蔵の下敷いた鞍下が擦り尽くされてしまったので、土地の人に鞍下つくしの坂と言われました。

三、昔、このあたりにあらぶる神がいまして、往来の人の内半数は生き、半数は命を落としました。その数が非常に多かったので、人の命つくしの神と言われたのです。そこで筑紫君・肥君たちが占いまして、筑紫君たちの祖先である甕依姫を祭司として祭らせましたところ、それ以降は路行く人は神に害われなくなりました。これをもって筑紫の神と言うのです。
四、それで死者を葬るために、この山の木を伐って棺桶を作りましたが、これによって山の木を伐り尽くしてしまったのです。それで筑紫国と言われたのです。」
これらの説話から「つくし」は「尽くし」が語源だと考えられてきた。しかしこれは筑紫の語源が「月の国」の意味だと思われないようにするための作り話の印象を受ける。特に二、三、の説明からは、月讀命信仰に対する弾圧が伺える。月讀命の国であった痕跡を消すために、月讀命を祀っていた神社から勾玉を取り上げて、鏡を無理やり押し付けて祀らせるなどして、それに抵抗したら殺し尽くしたのではないだろうか、それでつくしの語源を考えさせられた時に皮肉で、「命つくしの神」説話を造ったのかもしれない。あるいは地元の荒ぶる神伝承と結びつけたこともあっただろう。

「ツクヨミ」の「ツク」は「月」で月の古音が「ツク」なのである。「太陽に次ぐ」とか「太陽の次」が由来のようだ。「ヨミ」は「読み」で月の形の変化を読んで、暦をつくり、それで人々を支配していたのだろう。

もちろん「ツクヨミ」は月であり、「ツク」とも呼ばれていたのだから、「ツクシ」となれば「月シ」だ。これは「月地（つくぢ）」に由来していて、月の土地つまり「月の国」が語源だったのではないか、もちろん『風土記』の作者はまだそれを知っていただろうが、それは大和政権の圧力で書けなかったのではないかと思われる。

では何故、月讀命が筑紫の国を造ったことにするのが憚られるのか？　それは、月讀命の子孫が邇邇藝命ということになるからだ。ということは元々の口誦伝承では大王家の祖先神は天照大神ではなく、月讀命だったということである。だから筑紫にたくさんあった月讀命を祀る神社は、ほとんどは廃社か天照大神を祀る神社に変えられてしまったのだろう。現在、月讀命を祀っている神社は全国に八十数社だと言われる。天照大神や須佐之男命を祀っている神社は数万以上あるようだ。

当時の神社の祝詞は口誦であり、文字は使っていなかった。それで御神体を取替えられれば、文字史料としてはこの変更は残らないのだ。それに神社といっても祭祀を行った場所という意味で、きちんとした社《やしろ》はまだなかったと言われている。

ではなぜ三貴神と呼ばれたのか、『先代旧事本紀』によればそれぞれに建国させるので貴神なのである。

「伊奘諾尊《いざなぎのみこと》詔曰。吾欲生御寓《ぎょぐう》之《の》珍子《ちんし》。化出卽之神三柱矣（伊奘諾尊は仰せになった。『私は天下を治めるべきすぐれた子を生もうと思う』そうして三柱の神が成り出た。）」とある。「御」は御者の御で支配することであり、「寓」はこの世を意味する「仮の住まい」という意味で、「珍子」は「貴子」と同じ意味だ。だから「御寓之珍子」は「天下を治めるべき優れた子」という意味になる。

そこでそれぞれが天降って国造りをする経緯を書くべきところである。念押ししておくと、『私は天下を治めるべきすぐれた子を生もうと思う』というのだから、天照大神や月讀命や須佐之男命が天降って国を作るということなのだ。彼らの子や孫が国造りするのでは話が違ってくるのである。

ところが天照大神を高天原の主神にしたので、天降りができなくなった。日の食国への天降りは、孫の饒速日神の天磐船説話に書き直されたのである。そして月讀命の筑紫への天降りは、これも天照大神の孫神とされた邇邇藝命の高千穂峰への天降り説話に直されてしまったのだ。だから孫の世代の天降りを参考にすれば、天照大神や月讀命の天降りの経緯を想像することができるかもしれない。

3　天照大神と月讀命の天降り

船底に岩敷つめし磐舟に乗りて天照天降りたり

では次に饒速日尊について最も詳しい『先代旧事本紀』を引用してみよう。

巻第五　天孫本紀

天照国照彦天火明櫛玉饒速日尊《あまてるくにてるひこあめのほあかりくしたまにぎはやひのみこと》。またの名を天火明命、またの名を天照国照彦天火明尊、または饒速日命という。またの名を胆杵磯丹杵穂命《いきいそにきほのみこと》。天照霎貴《あまてらすひるめむち》の太子《ひつぎのみこ》・正哉吾勝々速日天押穂耳尊《まさかあかつかちはやひあめのおしほみみのみこと》は、高皇産霊尊《たかきむすひのみこと》の娘の万幡豊秋津師姫《よろずはたとよあきつしひめ》栲幡千々姫命《たくはたちぢひめのみこと》を妃として、天照国照彦天火明櫛玉饒速日尊をお生みになった。天照太神と高皇産霊尊の、両方のご子孫としてお生まれになった。そのため、天孫といい、また皇孫という。

天神の御祖神は、天璽瑞宝《あまつしるしのみずたから》十種を饒速日尊にお授けになった。

そうしてこの尊は、天神の御祖先神のご命令で、天の磐船に乗り、河内国の川上の哮峰《いかるがのみね》に天降った。さらに、大倭国《やまと》の鳥見《とみ》の白庭山へ遷った。

天降ったときの随従の装いについては、天神本紀に明らかにしてある。いわゆる、天の磐船に乗り、大虚空《おほぞら》をかけめぐり、この地をめぐり見て天降られ、〝虚空《そら》見つ日本の国〟といわれるのは、このことである。

饒速日尊は長髄彦《ながすねひこ》の妹の御炊屋姫《みかしきやひめ》を娶り妃として、宇摩志麻治命《うましまちのみこと》をお生みになった。これより以前、妊娠してまだ子が生まれていないときに、饒速日尊は妻へ仰せられた。

「お前がはらんでいる子が、もし男子であれば味間見命《うましまみのみこと》と名づけなさい。もし女子であれば色麻弥命《しこまみのみこと》と名づけなさい」

産まれたのは男子だったので、味間見命と名づけた。

饒速日尊が亡くなり、まだ遺体が天にのぼっていないとき、高皇産霊尊がは速飄神《やかぜのかみ》にご命令して仰せられた。

「我が御子である饒速日尊を、葦原の中国に遣わした。しかし、疑わしく思うところがある。お前は天降って調べ、報告するように」

速飄命は天降って、饒速日尊が亡くなっているのを見た。そこで天に帰りのぼって復命した。

次に磐余彦東征の際の話である。

ときに、長髄彦は使いを送って、天孫に申しあげた。

「昔、天神の御子がおられて、天の磐船《いわふね》に乗って天降られました。名を櫛玉饒速日尊《くしたまにぎはやひのみこと》と申しあげます。このかたが、わが妹の三炊屋姫《みかしきやひめ》を娶って御子をお生みになりました。御子の名を宇摩志麻治命《うましまちのみこと》と申しあげます。そのため、私は饒速日尊、次いで宇摩志麻治命を君として仕えてきました。いったい、天神の御子は二人もおられるのですか。どうしてまた、天神の子と名のって、人の土地を奪おうとするのですか。饒速日尊以外に天神の御子がいるなど、聞いたことがありません。私が思うに、あなたは偽者でしょう」

天孫は仰せになった。

「天神の子は多くいる。お前が君とするものが、本当に天神の子ならば、必ずしるしの物があるだろう。それを示しなさい」

長髄彦は、饒速日尊の天の羽羽矢《ははや》一本と、歩靫《かちゆき》を天孫に示した。天孫はご覧になって、「いつわりではない」と仰られて、帰って所持の天の羽羽矢一本と、歩靫を長髄彦に示された。

長髄彦は、その天つしるしを見て、ますます恐れを感じた。けれども、兵器の用意はすっかり構えられ、その勢いは途中で止めることはできなかった。そしてなおも、間違った考えを捨てず、改心の気持ちもなかった。

宇摩志麻治命は、もとより天神が深く恵みを垂れるのは、天孫に対してだけであることを知っていた。また、かの長髄彦は、性質がねじけたところがあり、天神と人とは全く異なるのだということを教えても、分かりそうもないことを見て、伯父である長髄彦を殺害した。そして、その部下たちを率いて帰順された。

天磐船にのって饒速日神が天降ったことになっているが、実はそれは天照大神の天降りを孫にずらしたからだとすると、元の口誦では天照大神が天磐船に乗ってきたということになる。

天降った時の光景を見て「虚空見つ日本の国」となづけているが、『日本書紀』の神武天皇紀には、次のように表現されている。

「饒速日の尊、天磐船に乗りて太虚《おほぞら》をめぐりて、この郷（河内の国）を睨《おせ》りて降りたもうに至るに及ぶ。これより名付けて、太虚《そら》見つ日本の国と云う」。

磐船が虚空を駆け巡るイメージについてだが、現在の磐船神社にあるような巨岩が空中を飛んできたのではないでだろう。天つまり海原の国の磐船という意味である。それを倭人特有の天と海との同一視から、天翔る詩的イメージに転換されてファンタスティックな神話的表現に成ったのである。空から見る光景は、おそらく生駒山系などの山上からの光景をいったのであろう。

恐らく磐船とは船の重心を低くして安定させるために、重石《おもし》になる石を船底に敷き詰めた船のことである。日本海は荒れやすく、船の転覆事故が多かった。そこで伊邪那岐一族の工夫で磐船を作り、日本海航路の安全性を高めたと推量される。ただし、重心を低くすると、浸水した場合に沈没の危険が高くなる。それだけに倭人の船は気密性が高い精巧なもので、追随を許さなかったのだろう。

この「日本」を『神皇正統記』では「ヤマト」と読ませているが、元々はまさしく「日の本」つまり「ひのもと」と呼んでいたはずである。これは太陽の下にあるということで、三輪山や生駒山に昇る太陽の下にある国であり、太陽神の治める国、「日本」なのである。

従って天照大神あるいは饒速日神が天降って建てた国こそが「日本」であり、これを「やまと」と読むべきではない。何故「やまと」と読ませるのか、その理由は、日本を建国したのが神武ではなく、天照大神や饒速日神ということになってしまい、神武はむしろその日本を滅ぼしたことになってしまうからである。

石切劔箭神社　天の羽羽矢を持つ饒速日神

それで私はここ十年近く神武東征による大和政権の誕生を記念する二月十一日を日本の「建国記念の日」と呼ぶべきではない、むしろ「亡国記念の日」と呼ぶべきだと主張しているのである。

『日本書紀』『古事記』では饒速日神は磐余彦東征の際にも生きているが、『先代旧事本紀』では子が出来る前に亡くなっており、その後で瓊瓊藝命の天降りというように辻褄があっている。

ここで興味深いのは、長髄彦が饒速日神以外に天神の子がいるとは聞いていないというところだ。忍穂耳命の子は『古事記』では、饒速日神と瓊瓊藝命ということになっている。しかしもし天降りを忍穂耳命にすると、饒速日神や邇邇藝命は河内・大和の日の国で誕生したことになってしまうから、邇邇藝命の天降りがなくなってしまう。もちろん天照大神が天降りすれば邇邇藝命が筑紫に天降りすることもなかったはずである。

天神の子の印として両者とも天の羽羽矢一本と、歩靫を示しているが、恐らくそれは倭人同士の争いを避けるために、伊邪那岐神あるいは、高天原の主神天之御中主神が天照大神と月讀命に授けたものだったろう。ただし、磐余彦が持っていたのは模造品か盗品ではないかと思われる。

なぜならそれらは大王家が引き継ぐものだから、筑紫王家の血統を引いていても、磐余彦は邇邇藝命の一夜妻の孕んだ子の孫ということになっていて、せいぜい地方豪族であり、王位継承者とは考えられないからである。

では月讀命も天降りしたとしたら、邇邇藝命の天降り説話のように高千穂峰に降り立ったのだろうか？　それは違うだろう。元々高千穂の峰に降り立つという発想は、天降りから由来する。天から降るので高い山上に降り立ったという伝承になったのである。

月讀命は、筑紫北岸の津を拠点にして、日向や大隅などの筑紫各地の海岸部とその平野を制圧していったのではないかと思われる。

筑紫の北岸の津（港町）は原倭国にも加盟していたが、伊邪那岐神の勢力に服しているということであり、月讀命の筑紫倭国建国に大いに貢献したはずだ。だから多分に筑紫倭国も津連合的性格、海洋国家的な性格を持っていたと想像される。その分、星や月信仰が盛んだったと考えられるのだ。

　もちろん筑紫（九州）は陽光が豊かにふりそそぎ、農業も盛んなので、太陽神の国であっても不思議ではない。狭い意味の筑紫を白日別、豊を豊日別、肥を建日向日豊久士比泥別、熊曾を豊日別と呼び、どの国も陽光にあふれているイメージで捉えられている。では何故太陽神の国にならなかったのか、それは津連合的性格が残り、海運・水産の比重が高い上、太陽の恵みが当たり前過ぎて、太陽に祈るまでもなかったのかもしれない。

邇邇藝命の天降り

　磐余彦の侵攻に対して、長髄彦が徹底抗戦を唱えたために、宇摩志麻治命は、仕方なく伯父である長髄彦を殺している。ところが『日本書紀』では饒速日命が長髄彦を殺しているのだ。『日本書紀』でも「遂に児息《みこ》有り、名をば可美真手命《うましまでのみこと》と曰す」とある。この親子に長髄彦は仕えてきたのだが、饒速日命が亡くなった話は『日本書紀』にはないので、饒速日命が長髄彦を殺したことになっているわけである。『日本書紀』に依拠すれば饒速日命は百歳近くになっていただろう。それでは不自然なので、『先代旧事本紀』は饒速日命が亡くなった話を入れたのだろうか？

この饒速日命の長命という問題は、やはり現人神としての饒速日命の理解が『日本書紀』の作者の中で混乱していたのかもしれない。可美真手命が饒速日王国を再建したわけだが、その時に現人神としての饒速日命を継承したのだろう。つまり饒速日二世である。磐余彦に投降したのは三世か四世であろう。

第三章　須佐之男命との宇気比

1　須佐之男命は誰と宇気比したのか？

海原を逐われし須佐之男母求め黄泉にゆかむと誰に告しや

『古事記』の神々の中で最も愛されている神が須佐之男命だ。「荒ぶる神」として恐れられる災害をもたらす神なのだが、その須佐之男命を憎まないで愛しているのである。日本列島は災害が多い土地柄である。風水害や地震、津波などの自然災害、疫病や戦争、大火事など災害のオンパレードである。これらの災害はある程度不可抗力であり、恨んでも仕方がない。それより災害をもたらす神に寄り添って、その気持に心から同情して、その上で慰め、手加減してくれるように頼むのだ。それでは『古事記』の「三貴神の誕生」から須佐之男命が母が恋しいと哭きいさちる場面を見てみよう。

故各隨依賜之命。所知看之中。速須佐之男命。不治所命之國而。八拳須至于心前。啼伊佐知伎也【自伊下四字以音。下效此】其泣状者。青山如枯山泣枯。河海者悉泣乾。是以惡神之音。如狹縄皆滿。萬物之妖悉發。故伊邪那岐大御神。詔速須佐之男命。何由以汝。不治所事依之國而。哭伊佐知流。爾答白。僕者欲罷妣國根之堅州國故哭。爾伊邪那岐大御神大忿怒。詔然者汝不可住此國。乃神夜良比爾夜良比賜也【自夜以下七字以音】故其伊邪那岐大神者。坐淡海之多賀也。

故《かれ》各《おのもおのも》よさしたまへる命《みこと》のままに知らしめす中に、速須佐之男命《はやすさのをのみこと》、よさしたまへる国を知らさずして、やつかひげ胸前《むなさき》にいたるまで、啼《な》きいさちき。その泣くさまは、青き山を枯山のごとく泣き枯らし、海川はことごとく泣き乾《ほ》しき。ここをもちて悪神之音《あらぶるかみのおとなひ》、狹蠅《さばえ》の如く皆滿ち、萬物《よろずのもの》の妖《わざはひ》ことごとくおこりき。故《かれ》伊邪那岐大御神、速須佐之男命に詔《のりたまは》く、「何とかも汝《いまし》は、事依させる國を治《しらさ》ずして、哭きいさちる。」爾《ここ》に答へ白《まほさ》く。「僕《あ》は妣國根之堅《ははのくにねのかた》州國《すこく》にまからむとおもふが故《から》に哭く」と。爾に伊邪那岐大御神いたく怒らして詔く。「然ば汝はこの國に住むべからず」と。乃《すなはち》神逐《かむやらひ》にやらひたまふなり。故、その伊邪那岐大神は。淡海之多賀《あわじのたが》にまします。

それで天照大神と月讀命はいわれた命《みこと》つまり命令の通りに支配されたのだが、須佐之男命はいわれた海原の国を支配しないで、長いひげが胸先にまで伸びるほどに成長するまで、泣き喚いたのである。その泣きざまは、緑の山を枯れ山にするほどなきからしたのだ。そして海や川はことごとく泣き干されてしまったのである。

父のくしゃみから生まれたのだから、母のことは知らない。だからこそ母に会いたい気持ちが募るのかもしれない。それで髭が生えてそれが胸先まで伸びるころまで泣き喚いていたということだろう。

本居宣長は、この母が恋しくてたまらなくて、海の水を涸らしてしまうまで泣き喚いたというのでいたく感動した。真情のままに行動したということで清き明き心として須佐之男命に共感しているのである。これこそ情を重んじる主情主義である。とはいえあくまでレトリックである。実際にそこまで泣かれると人類も滅んでしまうのだが。

それでも、災いをもたらす荒ぶる神を、母恋しいと泣いていると受け止めるところが何ともいい感性ではないか。自然が荒れるのは物理現象だから感情もくそもないと言ってしまえばそれまでだが、荒れるには荒れるだけのいたたまれないものがあるのだろうと、嵐の想いを察してやっているのだ。

そうかそうかそんなに母が恋しいのか、無理もない、無理もない、でも須佐之男命よ我々にも暮らしがあるのだから、お前の気持ちは分かるけれど、私たちのことも少しは考えて手加減してくれないか、お願いしますよと祈っていたのだろう。

日本では嵐だけでなく、疫病《えきびょう》や死もみんな神なのである。疫病神《やくびょうがみ》や死神と呼ぶ。悪魔のせいだとは考えないで、運命として受け入れているわけである。その上でそれらを神としてお祀りすることで、先延ばしにしたり、手加減してくれるようにお願いしているのである。

ここに至って、荒ぶる神の「音なひ」とある。暴風が吹いてきたということだが、「おとなひ」なので、「訪なひ」と解釈して暴風襲来と受け止めてもいい。「さばへなすみな」とは「うるさい蠅のようなものが皆」ということである。そしてあらゆるもののわざわいが悉く起こったということなのである。

それで伊邪那岐神が、須佐之男命に言われた。「どういう理由でお前は、言われた国、海原を治めないで、泣き叫んでいるのだ」と。こたえていうに、「私は母のいる根の堅洲国に行きたいと思って泣いているのです」と。それで伊邪那岐の大神は大いに怒って、「それじゃあお前はこの国に留まってはいけません」と言われたのである。さっそく「神逐《かむやら》ひ」という神追放で追放されてしまったのだ。それでその伊邪那岐の大神は、今は、淡路の多賀におられる。

ここで須佐之男命は海原の国から追放されて、本来なら「母のいる根の堅洲国」へ向かうべきところだが、その前にその報告に『古事記』では高天原の天照大神に会いに行くのだ。

故於是速須佐之男命言。然者請天照大御神將罷。乃參上天時。山川悉動。國土皆震。爾天照大御神聞驚而。詔我那勢命之上來由者。必不善心。欲奪我國耳。即解御髪。纒御美豆羅而。乃於左右御美豆羅。亦於御鬘。亦於左右御手各纒持八尺勾璁之五百津之美須麻流之珠而曾毘良邇者負千入之靭附五百入之靭。亦所取佩伊都之竹鞆而。弓腹振立而。堅庭者。於向股蹈那豆美如沫雪蹶散而。伊都之男建蹈建而。待問。何故上來。爾速須佐之男命答白。僕者無邪心。唯大御神之命以。問賜僕之哭伊佐知流之事故。白都良久僕欲往妣國以哭。爾大御神詔。汝者不可在此國而。神夜良比夜良比賜。故以爲請將罷往之状。參上耳。無異心。爾天照大御神詔。然者汝心之清明何知。於是速須佐之男命答白。各宇氣比而。生子

かれここに速須佐之男命言《まおさ》く、「しからば天照大御神に請《まお》して罷《まから》む」と。乃《すなはち》天《あめ》に参上《まいのぼ》るとき、山川悉《ことごと》く動《とよ》み、国土《くにつち》皆ゆりき。

ここに天照大御神聞驚て詔く、「我がなせの命の上り來たる由《ゆえ》は、必ず善き心ならじ。我国を奪はむと欲《おも》ふにこそあれ」と。即ち御髮を解きて、御髻《みみづら》に纏《まき》きて、すなはち左右のみみづらにも、また御鬘《みかづら》にも。また左右の御手にも各《おのおの》八尺勾璁之五百津之美須麻流之珠《やさかのまがたまのいほつのみすまるのたま》を纏持《まきも》たして、そびらには千入之靫《ちのりのゆぎ》を負ひ、（ひら腹には）五百入之靫《いほのりのゆぎ》をつけ、また（ただむきには）伊都之竹鞆《いつのたかとも》をとりおばして、弓腹《ゆはら》振り立て、堅庭は、向股《むかもも》に蹈みなづみ、沫雪のごと蹶散《くゑはららか》して。いつの男建《おたけび》蹈み建て、待ち問ひたまひしく、「何故《など》上り來ませる」と。爾《ここ》に速須佐之男命答へ白さく。僕《あ》は邪心《きたなきこころ》無し。唯、大御神之命《みこと》もちて。僕之哭《あのなき》伊佐知流《いさちる》事故《ことのゆえ》を問ひ賜ひしく。故白《かれまお》しつらくに「僕は妣國《ははのくに》に往むとおもひて哭く」と。爾に大御神詔ひしく、「汝は此國に在るべからず」と。神逐ひ逐ひたまふ。故まさに罷《まから》りゆかむさまをまほさむと思ひてこそ参上《まゐのぼ》りつれ。異心《けしきこころ》なし。爾に天照大御神詔ひしく、「しからば汝の心の清き明き

はいかにして知らむ」と。ここに速須佐之男命答へ白ししく、「各、宇氣比《うけひ》て、子を生まむ」と。

それで須佐之男命は「それでは天照大神に告げてからいこう」と仰り、さっそく高天原に参上しようとされたのだ。ところが何しろ荒ぶる神須佐之男命だから、舞い上っただけで山川がゆさぶられてうごき、地面も大揺れだ。それで天照大神は驚ろかれて、仰った。「私の弟が上ってくるのはきっと悪いことを考えているからだわ。私の国を奪おうと思っているに違いないわ」と。

さっそく御髪を解かれ、御髻《みみづら》に纒かれて、すなわち左右の御髻にも、また御鬘《みかづら》にも、また左右の御手にも各々八尺の勾玉の五百津の御統の珠（大きな勾玉をたくさん紐に通して数珠にしたもの）をまき持たれて、背中には矢が千本入る靭《ゆぎ》を背負って、腹《ひら》には五百本矢が入る靫をつけ、また（臂《ただむき》つまり肘には）稜威《いつ》の竹鞆《たかとも》という弓を引いたときにいい音のする武具をつけられるという出で立ちだ。

弓腹《ゆはら》振り立て、つまり弓を振り立てられて、堅庭をしこを踏むように力強く踏みつけられ、淡雪のように大地を蹴散らかして、稜威の雄叫びをあげて待ち問われたのである。つまり相手が大地震や巨大台風や海を涸らすような荒ぶる神だから、天照大神も怖気づいたら負けだと思われ、思い切りどすを効かされたということである。

それで「どうして上ってきたのだ」と尋ねられた。すっかり戦支度で待ち構えられていたので、須佐之男命にすれば心外だった。彼は、自分が移動するだけで地面が揺れたり嵐になっているということに鈍感なのである。

「私は邪ない心を抱いているわけではありません。ただ伊邪那岐の大御神のご命令で、私が泣きわめいているのはどうしてかと問われましたので、『私は母の国に行きたいと思って泣いているのです』と申しあげますと、すると大御神は『お前はこの国にはとどまってはいけません』と仰って、神逐《かむやら》ひされたのです。それで黄泉の国にまかりゆかんとしていることを報告しておこうと思って参上しただけでして、異心つまり腹に一物あるわけではありません。」と仰ったのである。

それで天照大神が仰るには、「それじゃあお前の心が清くて明るいということはどうして知ればいいのだ」と。それで須佐之男命は「それぞれが誓約《うけひ》をして御子を生みましょう」と答えられたのだ。

この箇所は『古事記』の中で大和心を示している箇所として宣長が大変重視したところである。須佐之男命はまだ見たこともない母が恋しくて泣きわめき、それで嵐や地震が起こり、海や川の水が枯れるほどだった。その結果は人類が滅亡しそうなほど恐ろしい悪い結果を生んでいるから、悪《あら》ぶる神として恐れられてはいる。しかしその心は濁ったところはないのだ、まったく打算や嘘偽りはなく真情のまま生きているのである。

母の愛情で育てなければ子はこんなにも苦しくて、つらいものだということがよく分かる神話である。実に母性本能をくすぐるようにできているではないか、大和心は、宣長によると、清き明《あか》き心であり、腹に一物もっていない「異《けしきこころ》心なき心」、打算のない素直な心だとされているのである。つまり宣長は、このように大和心を真情とすることで、仏教や儒教の「賢しら」を嫌ったのである。

さてこの場面で天照大神は完全武装で須佐之男命という侵略者を迎え撃たんとしている。ただし神だから天照大神は自分の天照大神としての呪術的な力を示せるものを身につけているはずである。それが「左右の御髻にも、また御縵にも、また左右の御手にも各々八尺の勾玉の五百津の御統の珠（大きな勾玉をたくさん紐に通して数珠にしたもの）をまき持って」の箇所であろう。

ここで天照大神なら勾玉ではなく、鏡をたくさん持ってくる筈である。鏡で光を反射させて相手を幻惑し、戦闘不能に陥らせるのだ。むしろ勾玉を呪術に使ったのは月讀命ではないか。何故天照大神なのに鏡にしなかったのか、それは天照大神を女神として意識させるためではないかと思われる。つまり月讀命と天照大神を入れ替えたので、天照大神が勾玉を持ってしまったのだ。勾玉にすることで、天照大神は女神であるという印象を与えようとしたのであろう。

もちろん勾玉だけで月讀命と決めつけることはできない。もし天照大神が元々女神だったら勾玉を持っていても不思議はないだろう。しかし天照大神が元々女神だったというのは大いに疑念がある。それに宇気比の場所が高天原というのも疑問があるのだ。

2　天照大神は女神かどうか？

恐ろしや背を女神《ひめがみ》に変えられし瀬織津比賣《せおりつひめ》の禍津日《まがつび》となる

やはりこのあたりで、天照大神が元来女神だったかどうかという議論を整理しておく必要がある。私は元々主神交替仮説とともにもう一つ気になっていたのが、天照大神が女神とされた理由と時期についての議論であった。持統天皇が孫の軽皇子に皇位継承するために、天照大神を女神にしたというのが梅原猛『海人と天皇』の仮説である。つまり邇邇藝命に祖母の天照大神が天降りを命じて、地上の支配権を与えたという説話にするために、天照大神をわざわざ女神にしたというのである。

なにしろ『古事記』が現存する最古の歴史書であり、それ以前に天照大神のことを記した文書は残存していないのだ。祝詞《のりと》などは口誦文学である。説話もすべて語り部が語り伝えたもので、天照大神という神の名が太陽神についたのは何時かは謎なのだ。

巫女に太陽神が憑依した例に息長帯比売命が挙げられる。「卑弥呼《ひみこ》」というのも「日の巫女《ひのみこ》」に由来するとすれば、太陽神が憑依したと思われる。憑依した神と、憑依された巫女はすくなくとも憑依している間は同一なので、巫女に憑依するということは女神だという解釈が成り立つのである。

そういう解釈も可能だが、伊勢神宮で垂仁天皇の皇女倭姫が御杖代《みつえしろ》になる。御杖代は神の杖代わりになって神に仕えるというように説明されているが、実は、御杖というのは男性のシンボルであり、それがとりつくので、御杖代は神の花嫁と呼ばれていたようである。それで元々伊勢神宮では天照大神は男神とされていたのではないかと思われている。それと同じ論理なら息長帯比売命や卑弥呼に憑依した太陽神も男神だということになる。

中国の後漢の時代にできた『山海経《せんがいきょう》』には帝が俊の時、これは舜のことだと解釈されるが、今からだと約四千年前に帝の妻のひとりに羲和《ぎわ》がいた。彼女は東海（日本海）のかなた甘水のほとりに住んでいて、10の太陽を生んだという。それを日替わりに天を巡らせて、甘水で洗い扶桑の木にかけて干していたということである。それなら、太陽の母は女神だけれど太陽は性別はないのかもしれない。

ちなみに日本を扶桑国と呼ぶのはこの説話に基づいている。また「東」という字は「木」＋「日」であるが、扶桑の木から日が昇るということで、中国から見て日本が東なのである。

全国には何千も天照神社はあるけれど大部分は、元は饒速日神を祀っていたらしいと言われている。記紀では饒速日神は天照大神の孫という位置づけで駆け上る朝日の神である、『日本書紀』『先代旧事本紀』では、饒速日神が天磐舟で天降りして大和・河内に太陽神の支配する国を造ったとされている。この饒速日神は男神とされているのである。

記紀では、饒速日神は天照大神の孫だとされている。もちろん饒速日神が男だからと言って、天照大神も男であるとは限らない。

　問題は太陽神の性別である。饒速日神という太陽神が男なのに、同じ太陽神の天照大神はどうして女なのかということだ。これは太陽神と同一視される現人神は性別があり、男であっても、女であってもいいが、太陽そのものには性別がないという解釈でいいとも考えられる。

　ただし、陰陽の思想は六世紀には五経博士が来て伝えている三世紀の鏡にも道教の絵や文字が刻印されている。陰陽思想自体は中国では殷周時代にすでに広がっており、倭人たちも朝鮮半島南端に来る前の時代から馴染んでいたと思われる。陰陽では男女、日月は陽と陰の代表格である。だから太陽神は男と考えるのが自然であり、太陽神を女神にするのは余程の事情がなければならないだろう。

阿部芙美子作　倭姫命（紙人形）

　それに新羅の王子天日矛が阿加流比《あかるひ》売神《めのかみ》を追いかけて来日する話が『古事記』にある。阿加流比売神の母親はしどけない姿で昼寝をしていると女陰に陽の光が射して妊娠して赤い珠が生まれたことになっているのだ。それを手に入れた天日矛は、その珠が美しい娘阿加流比売神に変身したので自分の正妻にした。ところが夫婦のトラブルになり、比売は父の国に逃げたのだ。父の国とは太陽が昇ってくる国である倭国である。ということはこの説話では倭国の太陽神は男神ということになる。

では記紀の記述で天照大神が女神だというのはどこに記されているのか確認しておこう。『日本書紀』にはこう記されている。

> 於是、素戔嗚尊請曰、吾今奉教、將就根國。故欲暫向高天原、與姉相見而、後永退矣。勅許之。
>
> （ここに須佐之男命請うて曰く、吾今教えを奉り、まさに根の国にいかむとす。かれしばらく高天原に向かひて、姉と相見え、しかるのち永のわかれせむと欲すと。これを勅許せり。）

「兄」だと女性の場合も使うけれど、「姉」は女篇があり、女性限定である。ちなみに『古事記』には天照大神が女性であることを明示している箇所は一箇所も存在しない。ただし須佐之男命が海原の国を追放されて、高天原に昇り、そこで天照大神と宇気比（誓約）をする場面があり、それが男女のセックスを連想させるので、天照大神が女性と捉えられていると受け止められるのである。

須佐之男命との宇気比については月讀命のところで取り上げることにして、天照大神男神論で最近注目されているのが、「大祓祝詞」に出てくる瀬織津比賣《せおりつひめ》の存在である。

祓へ給ひ清め給ふ事を　高山の末　短山の末より　佐久那太理に落ち多岐つ　速川の瀬に坐す瀬織津比賣と言ふ神　大海原に持ち出でなむ

この瀬織津比賣は、伊勢神宮の内宮の別宮の荒祭宮に天照大御神の荒魂として祀られている。つまり神々には和魂《にぎみたま》と荒魂《あらみたま》がある。人々にとって恵みをもたらしてくれる面が和魂であり、災いをもたらす面が荒魂である。天照大神は、主神であり、太陽神でもあるので、その恵みは熱と光で命を守り育ててくれるが、それだけに作用が強すぎたり、弱すぎたりすると、日照り、旱魃、飢饉を結果する。また気象に影響して嵐や竜巻や大雪など大災害をもたらすので、荒魂である瀬織津比賣の別名が八十禍津日神ともいうのである。

和魂と荒魂とセットになっているので、実は天照大神と瀬織津比賣は夫婦だったのではないかという解釈がある。「ホツマツタヱ」の神代文字でアマテル男神と瀬織津比賣は夫婦であって、アマテルが昇天後に、六甲に戻って余生を送ったとある。そこに「心経岩」と呼ばれる巨岩があり、それが瀬織津比賣の墓だというのである。「六甲比命神社」は瀬織津比賣を「六甲比命大善神」として祀っている。そこには男神アマテルと瀬織津比賣がカップルとして描かれた額を祀っているのだ。

もちろん「ホツマツタヱ」の神代文字なので、室町時代以降の偽作と思われるが、瀬織津比賣が伊勢神宮で天照大神の荒魂になっていることから、そういう解釈になったのだろうが、その解釈はまことに自然な解釈である。

Harry 山科は瀬織津比賣を祀っている各地の神社をたどって素晴らしい You Tube を制作している。

その中で山科は、持統天皇が自らの権威を高めるために天照大神を女神にしてしまったので、瀬織津比賣を妃として認めていない、それで荒魂にしてしまったという解説をしている。持統天皇を敵役にするところは同意できないが、和魂と荒魂というセットになっているのは、天照大神が男神だとしたら、やはり夫婦だったという解釈は納得せざるを得ない。

何故、荒魂とされたかという理由は、天照大神とセットということと、瀬織津比賣を天照大神の后から引きずり下ろしたので、祟をなしたと受け止められ、荒魂として祀って怒りを鎮めようとしたのであろう。しかし、それは天照大神を、皇祖神を差し替えるための大和政権の身勝手な事情で、性転換して女神にしたことに対する怒りである。だから神々の差し替えや性転換をそのままにして、ただ祀ったら怒りが鎮まるというのはあまりに厚顔無恥ではないか、ますます天照大神と瀬織津姫の怒りは増すばかりではないのか。

このように后だったと思われる女神の登場で、天照大神が男神であったということはかなり説得力が強まったのではなかろうか。

3　月讀命は男神だったか？

月讀は比賣神なるを無残にも保食神《うけもちのかみ》を殺めたるとは

では『古事記』の宇気比《うけひ》を読んでいくことにしよう。

故爾各中置天安河而。宇氣布時。天照大御神先乞度建速須佐之男命所佩十拳劍。打折三段而。奴那登母母由良迩振滌天之眞名井而。佐賀美迩迦美而於吹棄氣吹之狭霧所成神御名。多紀理毘賣命亦御名謂奥津嶋比賣命。次市寸嶋（上）比賣命。亦御名謂狭依毘賣命。次多岐都比賣命

故《かれ》、爾《ここ》に各《おのもおのも》天安河を中《うち》に置きて、宇氣布《うけふ》時、天照大御神先ず建速須佐之男命の佩《はけ》る十拳《とつかの》劍《つるぎ》を乞ひ度《わた》して、三段に打ち折りて、ぬなとももゆらに天之眞名井《あめのまない》に振り滌ぎ、さがみにかみて、吹き棄つる氣吹《けぶき》の狭霧に成りませる神の御名は、多紀理毘賣命《たぎりびめのみこと》亦の御名を奥津嶋比賣命《おくつしまひめのみこと》と謂ふ。次に市寸嶋比賣命《いちきしまひめのみこと》。亦御名は狭依毘賣命《さよりびめのみこと》と謂ふ。次に多岐都比賣命《たきつひめのみこと》

天照大御神は高天原の主神であるという前提なので、高天原の天の安河で宇気比をしたことになっている。これは須佐之男命のこころを信じられるかどうか確かめるために、互いの物実《ものざね》を渡

して、子を生み合い、男の子を生んだ方が勝という審判の儀礼である。須佐之男命は剣を渡し、天照大神は玉を渡している。

剣を男性器、玉を女性器のシンボルと解釈すると、セックスが連想される。ということは、この宇気比の話は、セックスして子を生むことで、男ができるか女ができるかで、審判や占いをする神事があった名残の神話化かもしれない。

まず須佐之男命の剣を天照大神が受け取って三段に打ち折り、細かく噛み砕いて噴き出して狭霧の中に生まれたのが多紀理毘賣命である。又の名を沖津嶋比賣と言う。つぎに市寸嶋比賣命、またの名を狹依毘賣命という。次に多岐都比賣命である。これらを宗像三女神と呼んでいる。

この宗像三女神は筑紫北岸とその沖に鎮座されておられる。だから、宇気比の場所としては、筑紫が相応しいといえるだろう。

ただ高天原を壱岐・対馬の海原と受け止めると高天原の宇気比でもいいことになる。とはいえ、宇気比は天の安河で行われていて、陸地を思わせる。『日本書紀』の「一書」には、三貴神の支配領域を高天原、海原、天下という区分けもあるので、やはり高天原は半島南端部に想定するほうが説得力があるだろう。

そこで筑紫で宇気比が行われたとすると、筑紫は月讀命の土地なので宇気比の相手も月讀命だということになる。須佐之男命の剣は男性性器を象徴するので、男性性器を体内に入れて子を生んだのはやはり女性であり、月讀命は女神だったことになる。

　ということは天照大神が須佐之男命と宇気比をしたことにしたのは、天照大神が女神だったことにし、筑紫に天降ったのも天照大神の孫だったことにするためだったということになる。

宗像三女神は、天照大神から生まれたとされているので、天照大神の娘と見なされ易いのだが、『古事記』では須佐之男命の剣が形を変えたものだから、須佐之男命の娘だということにされている。しかしながら宗像大社は荒ぶる神須佐之男命の娘とされるより、天照大神の娘でいたいと思っているようだ。わざわざ天照大神の御子神だという張り紙をしている。

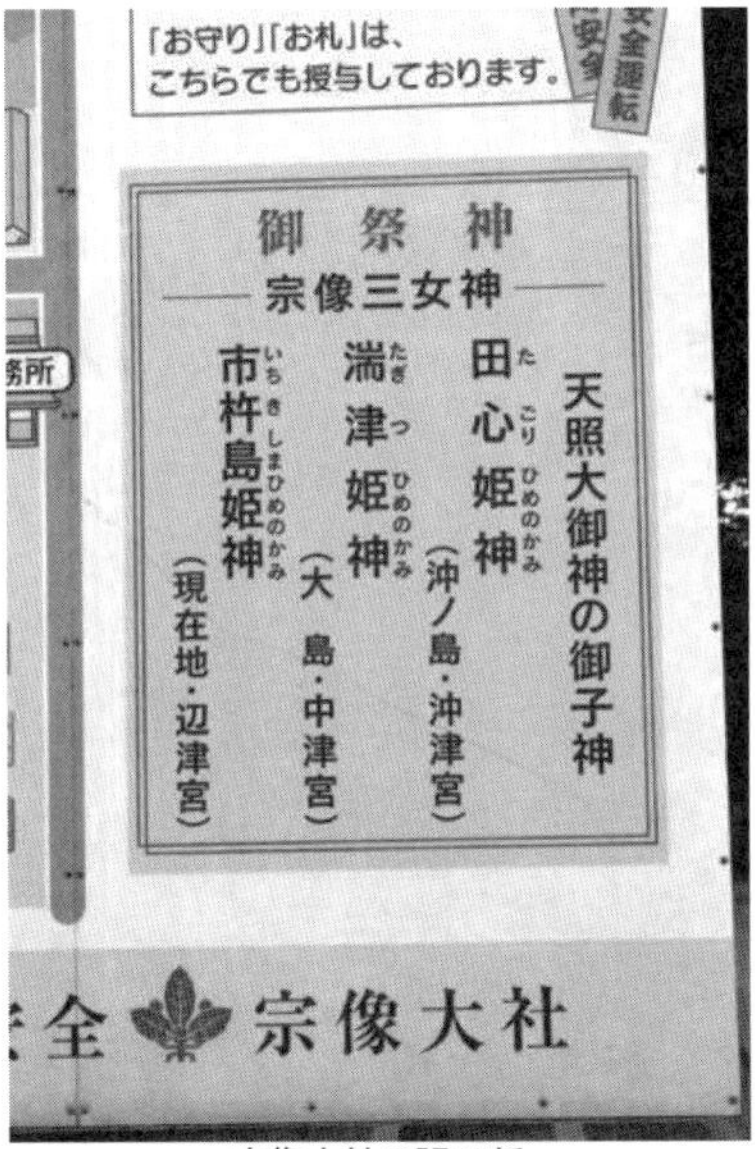

宗像大社の張り紙

速須佐之男命。乞度天照大御神所纏左御美豆良八尺勾璁之五百津之美須麻流珠而。奴那登母母由良爾。振滌天之眞名井而。佐賀美迩迦美而。於吹棄氣吹之狹霧所成神御名。正勝吾勝勝速日天之忍穗耳命。亦乞度所纏右御美豆良之珠而。佐賀美迩迦美而。於吹棄氣吹之狹霧所成神御名。天之菩卑能命亦乞度所纏御鬘之珠而。佐賀美迩迦美而。於吹棄氣吹之狹霧所成神御名。天津日子根命。又乞度所纏左御手之珠而。佐賀美迩迦美而。於吹棄氣吹之狹

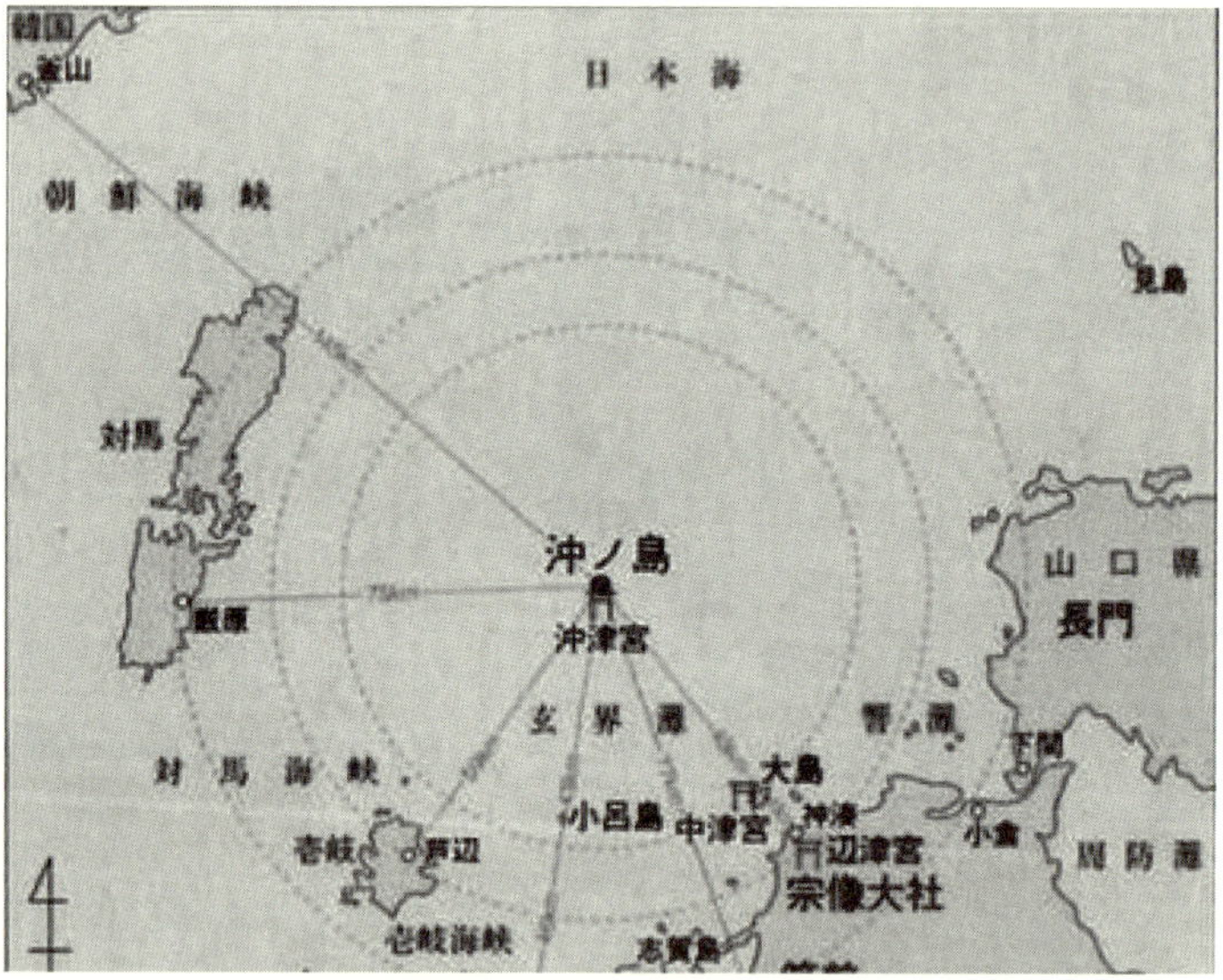

沖ノ島を中心にする宗像大社の地図

霧所成神御名。活津日子根命。亦乞度所纏右御手之珠而。佐賀美迩迦美而。於吹棄氣吹之狭霧所成神御名。熊野久須毘命於是天照大御神。告速須佐之男命。是後所生五柱男子者。物實。因我物所成。故自吾子也。先所生之三柱女子者。物實因汝物所成。故乃汝子也。如此詔別也。

速須佐之男命、天照大御神の左のみみづらに纏かせる八尺勾璁《やさかのまがたま》の五百津美須《いほつのみす》麻《ま》流《る》の珠を乞ひ度して、ぬなとももゆらに、天之眞名井に振り滌ぎ、さがみにかみて、吹き棄つる氣吹の狭霧に成りませる神の御名は、正勝吾勝勝速日《まさかつあかつかちはやひ》天之忍穂耳命《あめのおしほみみのみこと》。亦、右のみみづらに纏かせる珠を乞ひ度し、さがみにかみて、吹き棄つる氣吹の狭霧に成りませる神の御名は、天之菩卑能命《あめのほひのみこと》。亦、御髪に纏かせる珠を乞ひ度し、さがみにかみて、吹き棄つる氣吹の狭霧に成りませる神の御名は天津日子根命。又、左の御手に纏かせる珠を乞ひ度し、さがみにかみて、吹き棄つる氣吹の狭霧に成りませる神の御名は活津日子根命《いくつひこねのみこと》。亦、右の御手に纏かせる珠を乞ひ度し、、さがみにかみて、吹き棄つる氣吹の狭霧に成りませる神の御名は熊野久須毘命《くまのくすびのみこと》。ここに天照大御神、速須佐之男命に告たまふに、「是《こ》の後に生《あ》れましし五柱男子《いつはしらのおのこ》は、物實《ものざね》我物に因りて成れり、故自ら吾子ぞ。先に生れましし三柱女子《みはしらのおみなご》は。物實汝物より成れり。故、乃《すなはち》汝子ぞ。かく詔《の》り別けたまひき。

天照大神の耳づらにつけていた珠を須佐之男命が噛み砕いて、霧に噴き出して生んだのが男神だった。それで須佐之男命が勝ちである。天照大神の方は、物実が珠だったので、天照大神が女神だったということが刮目《かつもく》すべきポイントである。もし月讀命と天照大神を差し替えたのなら、勾玉は月讀命の物実だったことになり、月讀命が女神だったということになるのである。

この話は三貴神の話として展開されているのだから、宇気比で受け渡す物実は、それぞれのシンボリックなものでなければならない。だから須佐之男命が剣、天照大神は鏡、月讀命は珠である。ところが天照大神の孫が筑紫にも天降ったことにするためには須佐之男命と宇気比したのは月讀命ではなく天照大神だったことにしなければならなかったのである。

それでは天照大神の鏡を須佐之男命が噛み砕くことにすればよかったようにも思われるが、勾玉は女性のセックスシンボルだが、鏡ではそうはならないらしいのだ。

須佐之男命は男神を産んで宇気比に勝ったということは、彼には全く侵略の意図などなかったことになる。これで須佐之男命の「清き、明き心」が実証されたのである。この須佐之男命の「二心無き心」こそ大和心だと本居宣長は感動している。宣長は、須佐之男命のごとく真情のままに生きることを理想としていたのだ。

天照大神が産んだ三柱はすべて女神だったので、須佐之男命は一柱でも男神を産めばそれで勝利確定である。それで喜びのあまり、自分が生んだ最初の子に勝った勝ったと勝利を示す言葉を入れている。「正勝吾勝勝速日天忍穂耳命」という名前である。ということはこの御子神のことを当然生んだ自分の子と考えていたということである。

ところが後から、物実が天照大神の珠だから、忍穂耳命は天照大神の子だと天照大神が主張したため、須佐之男命は納得したのだ。だから物実による親子関係でしかないので、天照大神と忍穂耳命は、血が繋がっていないとも言えないことはないのだ。

天照大神の珠から生まれたら天照大神の子と言えるのかということは、忍穂耳命にとってもアイデンティティ不安を引き起こしたかもしれない。それが原因とは書いていないが、忍穂耳命は、自分は遠慮して、息子の邇邇藝命に天降りをさせたのである。『先代旧事本紀《せんだいくじほんぎ》』はこれに関して天照大神のセリフが気にかかる記述になっている。

「誓約して曰く。汝もし奸賊之心有らば、汝生む所之子必ず女ならむ。もし男を生まば、即ち以って子と為し、天の原を治め令しむ。」

これを宇気比より先に言っているとすれば、天照大神の子に「正勝吾勝勝速日」とは名付けなかったはずだ。その点から見ても『先代旧事本紀』は、記紀の記述を読んだ上で、誓いの中身を補充したことになり、成立が記紀より後ということになるのかもしれない。

この物実によって誰の子か決めるということは、衣服、装飾品や携帯具も身体同様に見なすという人間観である。ここから日本人は古くから我が身のごとく思って、物を作っていたし、道具を大切にしていたということを感じさせられる。私は社会的諸事物や環境的自然も必要に応じて人間として捉え返すべきだというネオヒューマニズムを唱えているが、現存する最古の歴史書の中に既にその先駆があるのに感銘を覚えている。

この宇気比の考察を通して、宇気比の場所が月讀命の国であったと思われる筑紫であり、月讀命のシンボルである珠を使っているところから、須佐之男命の宇気比の相手をしたのは、実は天照大神ではなく月讀命だったということが推量される。そして宇気比が極めて性的なものであるところから、月讀命が女神だったことも否定できないのである。

ということは月讀命が保食神《うけもちのかみ》を汚らわしいことをすると斬り殺した説話は、須佐之男命がオオゲツヒメを殺した話を置き換えて、昼と夜を分ける神話につなげたのであり、その狙いは、月讀命を乱暴に見せて、男神と印象づけるためだったと思われるのだ。

かくして元の伝承を復元すれば、須佐之男命が海原を支配させられていたが、日本海は海がよく荒れるし、海運も船が遭難して稼ぎにならず、天候に恵まれずにその年は作物も実らず、壱岐・対馬の人々は食べていけなくなって、筑紫に救援を求めてやってきたのではないか。それを侵略軍とみなした月讀命と戦争になりかけたので、宇気比をすることになったのである。

その結果生まれた子は、従って須佐之男命と月讀命の子と考えて良いだろう。物実で決めるなら忍穂耳は月讀命の子である。

神話化する時に物実を体内に入れて吐き出したことにしているが、それは儀礼を表現しているのだろう、実際には須佐之男命の剣を月讀命が細断し、鋳直したのかもしれない。その儀礼のあと聖婚して女の子が生れ、それで須佐之男命が勝ったので居座った、しかし須佐之男命の集団がトラブルので、また宇気比だということになり、今度は月讀命の勾玉を須佐之男命が砕いて、飲み込むような儀礼をして聖婚をし、忍穂耳命が生れ、また須佐之男命が勝ったことになったのではなかろうか、女神三柱、男神五柱とかは説話にする時に粉飾されたと思われる。

それでも海の荒くれたちの気性は変わらないから、とうとう月讀命も堪えられなく成って追い出したのかもしれない。

第四章　須佐之男命の狼藉と出雲の建国

1　須佐之男命の狼藉と天の岩戸

月讀の筑紫で狼藉ありとせば天岩戸は泡と消へずや

　須佐之男命の宇気比の相手を月讀命とすると、宇気比に勝利した須佐之男命は調子に乗って宇気比の場であった筑紫に居座って、狼藉《ろうぜき》を働き、また神逐《かむやら》ひされることになった。そして出雲に行き、そこで八岐大蛇を退治して、櫛名田姫《くしなだひめ》と結婚したのである。そしていよいよ出雲の国を建国することになったのだ。

　しかしそのように事を進めると、『古事記』では重要な、須佐之男命の狼藉に業を煮やして天ノ岩戸に天照大神が隠れたという説話がとんでしまうことになる。

　須佐之男命は元々嵐である。本人はおとなしくしているつもりでも、根が乱暴でいつも暴れていたい性格だから、つい乱暴な事件を起こしてしまうのだ。それで筑紫からも追い出されて、出

須佐之男命の神逐ひ

雲で建国したのである。確かに大和倭国にでかけたという話はない。

それに須佐之男命は母のいる根の堅州国に行くということになっていたはずなのに、八岐大蛇を退治して出雲に建国する話に変わっている。それでも大国主命の話の中で、大国主命が根の堅州国にいくとそこに須佐之男命がいるのだから、やはり根《ね》の堅州国《かたすこく》に行った話はあったと推測される。

ところで『古事記』では宇気比に勝ったことに乗じて、高天原で狼藉を働いている。天照大神の営田の畔を壊し、大嘗祭《だいじょうさい》（新米を食べる儀礼）の御殿に屎《くそ》をまき散らした。そして機織場《はたおりば》に斑駒《まだらごま》の皮を剥いて屋根に穴を開けて投げ入れたのだ。その際に機織女が板で女陰《ほと》を突いて死んでしまったので、天照大神はそれを見て恐れて天の岩戸に隠れてしまわれたとなっている。

勝ったから乱暴狼藉をするというのは質《たち》が悪い。元々は母が恋しく泣いていたのだから、別れを告げに来た目的を果たせたら、早く母の国に行けば良いようなものだが、元々が母がいないことで心が荒《すさ》んでいたということなのだろうか、姉に構ってもらいたかったので狼藉をしたのかもしれない。というより、ともかく須佐之男命は存在そのものが嵐なので、居座っていれば、さまざまな禍が起こってしまうのだろう。

私も一九五二年に大阪市大正区でジェーン台風に被災したことがある。二階の際まで床上浸水して、水が引いたらあちこちに屎がまき散らかされていた。屋根が壊れた民家もあちこちに見かけられたのだ。

とにかく宇気比で勝って、居座り、狼藉を働いた場所は筑紫であった。でも筑紫では月讀命が天の岩戸に隠れたわけではない。だから天の岩戸の話は、また別の話ということである。

須佐之男命は、出雲で国造りをした後、やはり母のすむ根の堅州国に行こうと考え、天照大神に別れを告げげに、私の仮説通りだと河内・大和倭国に行ったのかもしれない。ところが訪れると須佐之男命の実体が嵐だから、淀川や大和川の水が増水して、河内湖が氾濫し、生駒山の西麓の草香にあった天照大神の宮が洪水で流されてしまって、天照大神が亡くなってしまったのではないか。

須佐之男命の実体は嵐と言われるが、実際には現人神であり、人間でもあるのから、彼が行く先々で嵐が起こったわけではない。だから彼が尋ねた時に嵐になったとしたらそれは偶然だけれど、須佐之男命が来て嵐になれば、当然須佐之男命が暴れたと思われてしまうだろう。

あるいは実際には、須佐之男命は出雲にいて河内には行かなかったのかもしれない。でも嵐が襲来して、天照大神が災害死すれば、須佐之男命が暴れたと思われかねないのである。それが自然現象と個人を同一視する現人神信仰というものであろう。

梅原猛も天の岩戸の説話は太陽神の死と再生の儀礼だと言っている。遭難死した天照大神の遺体は洞窟に安置されて殯《もがり》がおこなわれた。この時天照大神二世がもう成人していたかもしれない。瀬織津比賣は忍穂耳命を生んだのではない。須佐之男命と宇気比したのは月讀命だから、忍穂耳命の母は月讀命だったのだ。瀬織津比賣はおそらく天照大神二世を生んだのだろう。饒速日は天照大神の孫なので、天照大神二世の子なのである。

天照大神が太陽神で瀬織津比賣は川の流れの神だから、その間に生まれたのは、忍穂耳命のような豊穣の神と考えられる。しかし宇気比が筑紫で行われ月讀命と須佐之男命が行ったのだから、別の豊穣神でなければならない。そこで考えられるのは豊受神《とようけのかみ》だが、この神は伊邪那美神の死によって尿から生じたとされている。

それに天照大神二世は、天照大神が再生するということを示す役割があったので、再生した天照大神として太陽神でなければならなかったのである。それであくまでも天照大神を名乗ったのだろう。元々天照大神一世とよく似ていたので、蘇った天照大神として演出されたと考えられる。

2　八岐大蛇退治

神逐れ出雲にゆきて八岐の大蛇退治て国建つるらむ

ところで、問題は、母のいる根の堅州国に行くという話はどうなったのかである。それは根の堅州国と黄泉《よみ》の国は同じとすると、黄泉の平坂が松江市に比定され、米子には夜見という地名があり、またそれらの間の安来には、伊邪那美神のものという伝承の神陵がある。だから母に逢いにいくというのは、母の葬られている地に住みたいという願いだったのかもしれない。

ただし、『日本書紀』には伊邪那美神は熊野に葬られたとあるので、出雲と熊野は特別のつながりがあると推量される。後に大国主命も根の国に行く前に「木の国」つまり紀伊国に行っており、不思議な縁を感じさせられるのだ。

とはいえ、両国が「どこでもドア」みたいなもので直接つながっていたというのではないだろう。おそらく、出雲の勢力が大国主命の時期に大和河内までも支配したが、結局撃退されてしまったのである。その際に、出雲に退却せずに熊野に隠れ住んだ人々がいて、そこに出雲神話の伝承を残し、地名も出雲の地名を残したのではないだろうか。

熊野の出雲勢力と河内の饒速日を担ぐ物部氏一族が結んで、建御雷《たけみかづち》など高天原から差し向けられ、筑紫倭国で兵を集めた侵略軍を撃退したのである。

さて、『古事記』では、出雲に行く前に大宜都比売《おほげつひめ》の話が挿入されている。須佐之男命が食糧を乞うと、鼻、口、尻からうまいものを取り出して調理して出したのだ。須佐之男命は体から出

安来にある伊邪那美大神御神陵

たものは汚いと思って、何と無礼で不潔なと思ったのだろう、大宜都比売《おほげつひめ》を殺してしまったのだ。

そうしたら、その屍骸からいろんな作物などが出てきたのである。頭から蚕が生り、目から稲種が生り、耳から粟が生り、鼻から小豆生り、陰《ほと》に麦生り、尻に大豆生ったということである。大宜都比売は阿波の国のことなのだから、ここで出てくるのは地理的に見て、文脈的にはあまり相応しくない。

この説話は世界各地にあるハイヌウェレ型神話の一つで穀物神の屍骸からいろんな穀物が生えてくる話である。穀物神といっても大地の生む力を意味している。大地からは様々な穀物が生え出てくるが、それを否定して、一つの作物に限定することによって豊穣がもたらされるということを示した説話だろう。かくして農耕や養蚕などの産業が興るのである。

だからこの箇所に挿入したのは、須佐之男命がいよいよ出雲の国で建国神になるということ、その文化英雄的性格を示していると解釈することができる。

同様の話に月讀命の保食神《うけもちのかみ》殺害があるが、そこには文化英雄的性格は見られない。ただ残虐性に焦点が当てられ、天照大神が月讀命と絶交して日と月が一緒に空に出ない説明に使われている。そして月讀命が女神ではなく、男神である印象を与えているのである。

左から手名椎、櫛名田姫、足名椎

実際には須佐之男命は壱岐・対馬の屈強の若者の一団を率いていたのかもしれないが、物語としては超人的なパワーを持つ神なので、神逐ひされて、出雲の山中をひとり流離《さすら》っていたことにしたのだろう。

そこで高志《こし》の八岐大蛇に年ごとに娘を生贄《いけにえ》に食べられている足名椎《あしなづち》・手名椎《てなづち》という老夫婦に出会う。今年も櫛名田比売を差し出さなければならないので泣いていた。これで人身御供《ひとみごくう》に取られるのは八人目の娘だというのだ。

蛇は大地の化身なので、蛇が人身御供を要求するのは、大地の生み出す力で人々は動植物を獲得して生きていけているのだから、当然、大地に対して自らの大切な娘を差し出さなければならないということなのである。ただし、八岐大蛇は高志（新潟県）から来ているのだから、大地の神とは言いながら、侵略者でもあるわけだ。出雲の富を奪っていく存在でもある。

ところが高志のトーテム動物はどうも翡翠《ひすい》と書いてカワセミと呼ぶ小鳥らしい。蛇は出雲のトーテム動物なのである。ということは高志の侵略者たちは、出雲のトーテム動物になることによって、出雲の領有権を奪い、出雲を支配していたのだろう。高志の侵略者が出雲の蛇になるというのはどういうことなのか、今となっては分からないが、蛇を巧みに飼いならし操縦するようなことが出来たのかもしれない。

だから神話物語としては大蛇退治なのだが、元の歴史物語としては高志の侵略者たちを策略によって撃退した話であったと思われる。

どうも高志の人々は、倭人よりも先に半島から植民していたらしいのだ。親潮に乗って高志まで来て、そこで翡翠《ひすい》を見つけ定住していた。半島との通商は続いていて、富に任せて武器も先端のものを揃えていたのだろう。

神話では大蛇を酔い潰れさせて討ち取ったのだが、歴史物語としては、高志の侵略者たちに酒を振る舞って、酔い潰れさせてからその首領を殺して壊滅させたと推測できる。この戦法は小碓皇子がクマソタケル兄弟を殺した方法に受け継がれているのである。ただ須佐之男命の場合は、八岐大蛇という象徴的な巨大動物退治のファンタジーに昇華させたところがより芸術的に仕上

神楽八岐大蛇退治

がっているといえよう。

八岐大蛇は超巨大に表現されている。「そが目は赤かがちの如くにして身一つに八つの頭、八つの尾あり。またその身に苔また檜《ひのき》椙《すぎ》生ひ、その長け谷八谷峡八尾に度《た》りて見ゆ。その腹は、悉に常に血たり爛れたり」と表現されているのだ。

この表現からするとその巨大さは一つの地方全体とも言えるし、八つの頭や八つの尾は山脈と捉えれば大八洲全体が八岐大蛇によってシンボライズされているとも言える。とすると八岐大蛇退治は、大八洲全体を制圧することにつながるのである。

『古事記』では須佐之男命は海原を治める事を命ぜられるが、『日本書紀』では本文で「素戔鳴尊者、可以治天下也。(スサノヲは天の下を治むべし)」とある。つまり大八洲を支配すべき存在になっているのだ。ただ「一書」では「素戔鳴尊者、可以御滄海之原也。(スサノヲは青海原を御すべし)」と『古事記』と同じである。本書では原倭国を壱岐・対馬などの海原の国と捉えている。その上で、大八洲に主《あるじ》たる三貴神を生んだという解釈なので、日の食国は天照大神、夜の食国は月讀命、海原は須佐之男命という形で伊邪那岐神は命令したと解釈しているのである。

ところが須佐之男命は海原支配をネグレクト（放棄）したので、追放され、結局出雲倭国を建国したのだ。伊邪那岐神の計画どおりではなかったのだが、やはり天下を支配する三貴神だったということである。

このように親神の筋書き通りにいかないところがドラマになるのだ。三貴神は、それぞれが主人公だが、やはり最も魂を揺さぶるのは須佐之男命なのである。

天照大神の場合は、天降りしなかったことにされ、すべて高天原での出来事にされてしまったので、国造りのナマの体験は文字に書けなかったのだ。月讀命にいたっては、その行跡はほとんど消されてしまった。そればかりか、須佐之男命と同じように残虐な穀物神殺しの濡れ衣を着せられ、男神にさせられてしまったのである。

須佐之男命は、八岐大蛇退治で、泥酔した八岐大蛇の首を切り落とした。そして尾を斬った時に刃こぼれがしたので、これは怪しいと思って、尾を割いたら、何と都牟羽《つむは》の大刀が出てきたのである。これが『日本書紀』の「一書」では本名が「天叢雲剣《あめのむらくものつるぎ》」である。これは八岐大蛇には常に雲がかかっていたことから由来する。須佐之男命が嵐であるために、この剣を抜くと叢雲が集まってきて嵐になると思われていたのだろう。

大八洲全体を八岐大蛇が象徴しているとすると、そこから取り出された剣は大八洲の霊に当たるのではないか、つまり大八洲の霊である天叢雲剣を持っていれば、大八洲の覇権が握れることを意味しているのである。

剣は物なので霊ではないと解釈するのは大間違いである。霊を物質の対極の精神的実体として捉える発想は大八洲の古神道には存在しない。霊はむしろ純粋な物であり、肉体の中の不滅の部分と見なされていたのである。

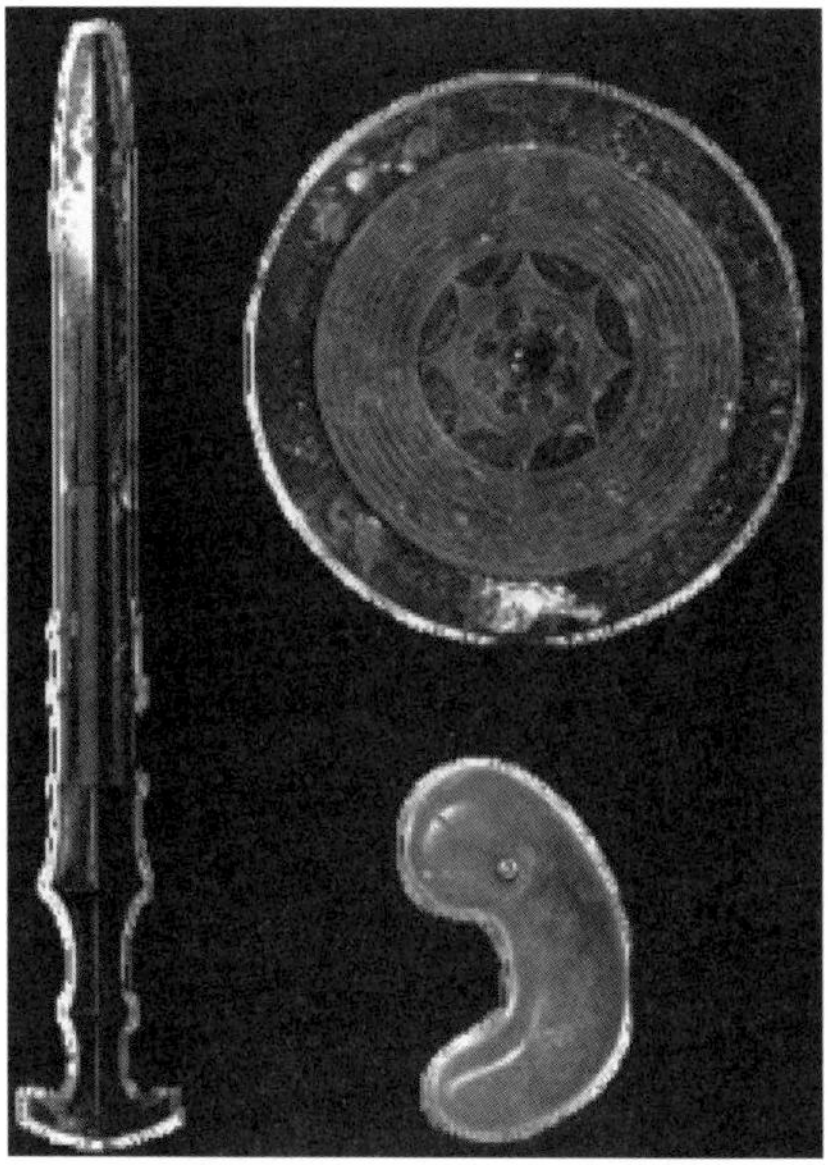
「三種の神器」イメージ

須佐之男命が天下を治めるべきだという『日本書紀』本文の伊邪那岐神の意志に基づけば、当然この剣を手に入れたことはその証だと思って、須佐之男命は国造りの励みにするはずである。自分は海原を追放された身だからその資格はないとは思わなかっただろう。

あるいは母のいる根の堅州国に行くから自分には必要ないと思ったかもしれない。ただそれも受け止め方次第であろう。出雲こそ母の墓がある土地だから、ここが根の堅州国と思ったとも解釈できる。

さらに想像をたくましくすれば、黄泉平坂《よみのひらさか》から入る地下世界は大して広くはないかもしれないけれど、そこにいると心が落ち着き、瞑想にふけることで、十分根の堅州国を感じられたのかもしれない。

『古事記』では「故、取此大刀、思異物而、白上於天照大御神也。是者草那藝之大刀也。(かれ、この大刀を取りて、あだしものと思ひ、天照大御神に申し上げしなり、これは草薙の大刀なり)」となっており、天照大御神に「報告した」としている。ところが現代語訳はすべて「献上した」と訳されている。それは『日本書紀』に献上とあるからだろう。「素戔嗚尊曰、是神劒也。吾何敢私以安乎、乃上獻於天神也。(須佐之男命の尊は仰った「これは神剣である。吾がどうして私していられようか、さっそく天神に献上しよう」と。)」

天照大神が高天原の主神であり、皇祖神であることが前提だと考えると、天照大神に献上して当然なのだが、三貴神が横並びで、それぞれ倭人三国を建国したとすると、神剣の入手は国家の最高機密であり、他国に知らせるようなことはあり得ない。ましてや献上などする筈がない。だからこの剣は後に大国主命に生太刀として引き継がれ、大国形成に使われたと解釈するのが自然なのである。

櫛名田比売は須佐之男命の妃になった。須佐之男命は櫛名田比売を奪われないように宮を作ったのだ。その地が清々しいので「須賀宮《すがのみや》」と名づけたのである。

その宮からは雲が立ち昇ったということである。梅原猛によると雲は霊気を表現するものらしい。その宮で伊邪那岐・伊邪那美に戻って、出雲の国の自然と人々の暮らしを生み出していたのだろう。それで最初の歌謡が生まれたことになっている。

「夜久毛多都　伊豆毛夜幣賀岐　都麻碁微爾　夜幣賀岐都久流　曾能夜幣賀岐袁（八雲立つ、出雲八重垣。妻隠みに　八重垣作る。その八重垣を）」

第五章　大国主物語

1　稲羽之素菟

皮はがれ痛める兎《たみ》を憐れみて射止めたりしか比売《ひめ》の心を

『古事記』の英雄といえば、須佐之男命の他に大国主命と倭建命《やまとたけるのみこと》があげられる。その時期を推定するのは大変難しい。倭建命の子供の世代に息長帯媛《おきながたらしひめ》の新羅侵攻があり、これは高句麗好太王碑文にある辛卯年三九一年の記事に当たるとすると、倭建命は四世紀半ばに活躍したことになる。磐余彦《いわれひこ》の東征はさらに二五〇年は遡るとすると西暦紀元後百年前後ではないだろうか。

磐余彦は邇邇藝命《ににぎのみこと》の曾孫だから、邇邇藝命は紀元一世紀の初め頃にあたり、大国主命は更に邇邇藝命より20歳ぐらい年長である。邇邇藝命の祖母が月讀命だというのが本書の仮説だが、『古事記』では邇邇藝命の兄が饒速日命にあたる。彼らは三貴神の孫の世代ということなので、三貴神は紀元前百年前後に誕生したことになる。

大国主命は、須佐之男命の曾孫の孫という系図になっているが、ようするに王統を引いていることにするために造作した結果であろう。もし六代目ということになれば、須佐之男命が天照大神や月讀命の兄弟であるという前提が崩れてしまうことになる。

今、我々は歴史的事実を再現しようというのではなくて、「倭人三国伝」の復元が課題だから、実際は出雲倭国の建国は大和倭国や筑紫倭国よりも一世紀以上古いので、そういう系図があるかもしれないのだが、伝承としては、同時に三兄弟が生まれたことにしておくしかない。

そこで仮説として、須佐之男命は二人いたと考えればどうだろう。三貴神の須佐之男命は、初代須佐之男命から一世紀ほど後なのである。初代須佐之男命が出雲地方を統合して建国したのだが、その死後高志の勢力に侵攻されてしまった。それで八岐大蛇に娘を取られていたわけである。

そこに三貴神の須佐之男命がやってきて、侵略者を撃退し、出雲国を再建したということである。この時に須佐之男命の名を継いだのか、それとも偶然の一致で元々同じ名だったのかは今となっては分からない。

後に大國主命になる大穴牟遅《おほなむち》は、須佐之男命の娘である須勢理毘売《すせりひめ》と根の堅州国で結婚しているから、おそらく須佐之男命が隠退後に、高齢になってからできた娘の婿だったということであろう。根の堅州国とはイザナミの神陵の周辺の山奥とか洞窟の中かもしれない。

神話の世界だから、歴史的事実がこうだというようなことはできない。要するに多くのライバルの兄神たちから何度も殺されかけて、身を隠していたときに、須佐之男命の血を引くという須

勢理毘売に出会って結婚し、秘蔵の宝剣などを使って台頭したということになるのであろう。

根の国に須佐之男命がいて、大穴牟遅を退屈しのぎか度胸試しで殺そうとするのを須勢理比売に救われる話もあるが、それはおとぎ話の創作の部分で、実際の須佐之男命は死んでいたと考える方が自然だと思われる。

おそらく王位を狙う息子たちに殺されたのではないだろうか、何者かが殺された須佐之男命を隠して、その墓地を須勢理毘売たちが守っていたのかもしれない。

では先ず大国主説話でもっとも人気のある「稲葉の素菟《しろうさぎ》」の話を紹介しよう。

若き大国主命は大穴牟遅と呼ばれていたが、兄神たちが稲羽（因幡）の八上比売《やがみひめ》が花婿募集ということで求婚にいくのに荷物持ちとしてついていかされたのである。

西王母須勢理毘売絵

兄神たちの荷物を背負わされているので、どうしても兄神たちから遅れてしまう。そこで出会ったのが因幡の素兎だ。気多の岬で皮を剝かれて赤裸にされて泣いている兎に出会ったのである。

するとその兎の話では、「淤岐《おき》ノ島からこの地に渡りたくても、渡る方法がなかったので、海の鰐を騙してこう言いました。『兎と鰐とではどちらのほうが仲間が多いか少ないか競って測りましょう。つきましては、あなたは鰐を全部呼び集めて、この島より気多の岬までみんなで列になってならばせてください。そうしたら私がその上を踏み渡っていきながら、数を数えましょう、そうしたら兎と鰐がどちらが多いかわかるでしょう。』そういわれた鰐たちが騙されて並んだので、私はその上を数を数えながら踏み渡って、今や地に降りようとする時に、私が『あなたは私に欺かれたのよ』と言い終わった時に、一番端に並んでいた鰐が、私を捕まえて、悉《ことごと》く私の衣服を剝いだのです。

それで泣き患っていますと、先に進んでいっていた八十神がおしえていわれました、『海水を浴びて風にあたって伏せていろ』と。それで教えられたようにしますと、私の身はすっかり傷だらけになってしまいました」ということである。そこで大穴牟遅はその兎に教えてこう言われたのだ。「今すぐ河口に行って真水でお前の体を洗い、河口の蒲《がま》の花粉をとって敷き散らして、その上に転がると、お前の身は本の膚のようになり、必ず癒えるだろう」と。それで教えのようにしたところ、その身は本のようになったのである。

白兎海岸と淤岐ノ島

この説話は「稲葉の素菟《しろうさぎ》」と言われている。それでその菟は大穴牟遅に「この八十《やそ》神は、決して八上比売を得ることはできません。袋を背負っておられるけれど、あなたこそが得る事ができるでしょう」と言ったのである。

この淤岐ノ島は、現在の地図では白兎海岸の眼と鼻の先約一五〇メートルにあり、あまり近すぎるので、隠岐の島のことだとする説もある。しかしそれでは海岸から八〇キロメートルもあり鰐を並べるのは大変すぎる。やはり淤岐ノ島のことで当時は今とは違って、海岸までの距離はもっとあったのかもしれない。

ただしこういうお伽話には人間の歴史が仮託されているものなので、隠岐の島から本土に移住しようとした八上比売たちと船頭たちの間で背信行為からトラブルがあったのかもしれない。だとすると淤岐ノ島では人は住めないので、やはり隠岐の島の話が背景にあり、菟と鰐の話にしたので淤岐ノ島に置き換えたと想像される。

この説話は女性に愛される資格としておもいやりの優しい心が一番だということがテーマである。八上比売たちは鰐に比喩される海の男たちに何か背信行為をして、身ぐるみ剝がされるような制裁を受けたかもしれない。それを見て八十神たちは、悪いことをしたのだから制裁されて当然とばかり、さらに塩水につけて風にあたらせるという拷問を加えたのである。

罪を償わされた人に対して更に責め苦を加えるのでは、人の不幸を楽しんでいるようなもので、そんな冷酷な男を愛せるはずがない。それに対して、大穴牟遅は傷を癒やして立ち直れるようにしてあげた。もちろんその方が愛されるのは当然である。だからこの説話は君主の資格として仁愛のある人格が必要だということを教えているのである。きわめて儒教的な部分である。

2　八千矛神の高志統合と結婚政略

倒せどもその比売娶り滅ぼさず更なる国へと攻め入りしかな

そして大穴牟遅は、八上比売と結婚して因幡の王になるが、八十神《やそ》たちに二度も殺されている。その度に女神に救われ、根の堅州国では須勢理比売に助けられてなんとか生き残り、須佐之男命の生太刀を持ち逃げして、須勢理比売と脱出した。こうして女性に愛され、守られるところに理想の英雄像、王の資格を求めているのである。

須佐之男命は黄泉の比良坂まで追ってきて、大穴牟遅に八十神をやっつけて、大国主命となり、巨大な宮殿を作って住めと命じたのだ。この八十神というのはたくさんの神々という意味だが、極めて質の悪い神々なので母方が八十禍津日神の末裔だという『上紀《ウエツフミ》』の説もある。

ウエツフミはいわゆる神代文字といわれる日本の古代文字だが、実際は室町時代に作られた文字だということになっている。まあ室町時代以降の歴史愛好家の解釈として参考にする程度ならいいだろう。

だから出雲倭国には須佐之男命、大国主命の二大英雄が中心の伝承があったのである。それをあえて幻視してみると。次のような内容であったかもしれない。

「伊邪那岐大神の三貴神誕生の時の勅諭は、天照大神は高天原を月讀命は海原を須佐之男命は天下を治めよとなっていました。そしてその高天原は天上の神々の国というよりも、海の彼方の半島の国であり、海原は壱岐・対馬中心の原倭国であり、天下は大八洲を指していました。

ところが高天原の支配権を伊邪那岐大神がもっていたわけではないので、天照大神は、倭人の故地で実力で這い上がらなければならないということでした。しかし高天原では古い慣習に馴染めず、古い神々とそりが合わないので、新天地を求め、河内・大和の太陽神信仰の地に天磐舟で天降ったのです。天磐舟はもちろん空を飛ぶ舟ではなくて、日本海の荒波に耐えられるように船底に重石《おもし》を載せた舟のことです。

月讀命は父を補佐して海原を支配していましたが、日本海が荒れて海運・水産が打撃を受けた時期があり、筑紫に一団を率いて降り、筑紫倭国を建国したのです。

伊邪那岐大神は大八洲を支配できるだけの人物に育てようと、須佐之男命を身近において躾けようとしましたが、父親に馴染めず、母を恋しがってなきいさちるばかりだったので、神逐ひされてしまい、筑紫倭国に月讀命を訪ね、そこで宇気比をしたのです。

やがて筑紫倭国も追い出された須佐之男命は出雲に渡り、八岐大蛇を退治して出雲倭国を建国しました。八岐大蛇から手に入れた天叢雲剣は、須勢理比売の助けもありまして、生太刀《いくたち》として大国主命に継承されました。彼はその威力もあって、大八洲の大部分を支配しました。筑紫倭国も脅かされましたが、高天原・原倭国（海原）・筑紫倭国が同盟を結び、大国主命は大八洲の統合をあきらめて、平和で豊かな国造りに方向転換しました。」

この「出雲倭国伝」のポイントは須佐之男命は伊邪那岐大神から天下の支配を命じられたということである。そして天叢雲剣が覇権の象徴で、それは大国主命に継承されたということなのだ。もちろん高天原に大八洲の統治者を決定する権利があるなどとは想定していなかっただろう。

さて出雲国の王権を固めた大穴牟遅は、かつては出雲を侵略していた高志（越、新潟県）に遠征した。八千鉾《やちほこ》の神つまり大軍を率いる神と成って高志に侵攻したのである。圧倒的に有利になったので、高志勢力は玉砕するか降伏するしかない。それで大穴牟遅は、沼河比売と婚姻することを条件に講和したのである。

「この八千矛の神、まさに高志国の沼河比売と婚《よば》はむと御幸《みゆき》せし時に、その沼河比売の家に到りて歌ひて曰く
八千矛の神の命《みこと》は、八島国　妻纏きかねて、遠遠し　高志の国に賢《さかし》し女《め》を　ありと聞かして、麗《くは》し女を　ありと聞こして、さ婚《まぐは》ひに　ありたたし　婚ひに　あり通はせ、太刀が緒も　未だ解かずて、襲《おすひ》をも　未だ解かね、嬢子《おとめ》の　寝《な》すや板戸を　押そぶらひ　吾《あ》が立たせれば、引こづらひ　吾が立たせれは、青山に鵺《ぬえ》は鳴きぬ。さ野《の》つ鳥　雉子《きぎし》は響《とよ》む　庭つ鳥　鶏《かけ》は鳴く。うれたくも　鳴くなる鳥か、この鳥もうち止めこせね。いしたふや天馳使《あまはせづかひ》。事の語りごとも　こをば。」

「この八千矛の神は今まさに高志の沼河比売と結婚しようとしておいでになった時に、その沼河比売の家に到着されて歌いかけられた。
『八千矛神の命は、大八洲の各地に妻を求めて、はるか遠くの高志の国に賢い女がいると聞いて、麗しい女がいると聞いて、求婚においでになり、求婚にお通いになり、太刀の緒もまだ解かず、羽織をもまだ脱がずに、むすめの眠っている板戸を押しゆすぶって、吾は立っていると、引いたりしてみて吾は立っていると、青い山に鵺が鳴いている。野の鳥の雉は叫ん

でいる。庭の鳥である鶏も鳴いている。鬱陶《うっとう》しくもなく鳥だな、この鳥も打ちたたいて鳴き止めさせてくれ。』下にいる走り使いの者の事の語り伝えはこのようです。」

結婚による統合は、武力的に既に決着がついていてのことである。結婚すれば被征服地の支配者階級も殺されずに済む。もし支配者階級を皆殺ししたり、追放したりすると、被征服地の支配機構を一から再構築しなければならない。人材的にも支配維持が難しくなる。広い地域を統合しようとすれば、婚姻によって統合するのが一番スムーズに大国を形成しやすくなるのだ。

沼河比売の場合、すでに夫もいたようだ。近親者や高志の有力者には徹底抗戦を叫ぶ者もいただろう、それでは皆殺しにされるだけなので、沼河比売としては一族を説得して結婚による統合を受け入れるしかなかったのだ。それで「この鳥もうち止めこせぬ」という言葉の裏にある抵抗すれば皆殺しにするぞという脅迫に対して、命乞いし、一晩待つように返歌しているのだ。

大土地神楽「八十矛」

この結婚は政略結婚なので、天下の統合を目指している八千矛神にすれば、いつまでも沼河比売の相手ばかりしておれない。能登の遠征に沼河比売を伴い、従えば、生き残れて沼河比売のように支配者としての地位も保証されるが、抵抗すれば皆殺しだぞという説得に利用した。

それで能登の比売と懇ろになって、沼河比売は悔しい思いをしたのだろう。元々沼河比売はそれほどの美人ではなく、夫婦仲も次第に冷めていたという伝承もある。いたたまれなくなって、沼河比売は高志に逃げ帰ったのだ。

しかし高志の人々も既にすっかり八千矛神に臣従していたので、結局逃げ切れなくなった沼河比売は自害してしまったようである。この伝説は黒姫伝説として高志の人々に語り伝えられていたが、大国主命を英雄視する出雲倭国伝には語られなかったようだ。

こうして結婚という手段もフルに使って、天下統合を推進していった。だから遠征にあたっては、永く出雲を留守にし、他国の多くの比売と結婚するので須勢理比売は激しい嫉妬を抱くことになったのである。

須勢理比売は須佐之男命の娘ということになっているが、ともかく大穴牟遅が出雲の支配権を得るには、彼女の夫であることが、八十神たちに対抗しうる最大の血統上での根拠になったと思われる。それに彼女の一族も安来《やすき》周辺では強盛を誇っていたのかもしれない。

だからかつて因幡の王にまでしてくれた八上比売でも、出雲の王となった大穴牟遅に嫁いだもののの、須勢理比売の嫉妬に恐れをなして、子供を置いて逃げ出したのである。従って、結婚政略による天下統合は、沼河比売の悲劇だけでなく、国家統合の絆そのものの脆弱さを結果せざるを得なかったといえるだろう。

3　大国主命の蜻蛉洲支配

うましまみ未だ見ぬ吾子に名づけたり、吾甕るるも命脈《いのち》つきまじ

八千矛神という名前からして大軍を率いていることがわかる。生太刀を手に入れた大穴牟遅は、天下《あまのした》を統合して、統治しようと、高志・能登を攻略した後、信濃に入り、美濃を経て、畿内に進軍して大和河内まで席巻してしまったのだ。

八千矛神が大軍を率いて大和・河内に侵攻した際に、河内・大和は恐らく、天照大神の孫の饒《にぎ》速日神《はやひのかみ》が支配していたはずなのだが、一戦交えたのか、それとも大軍だったので、敵わないと考えて、さっさと恭順したのか、記紀には全く記述がないのだ。ということは伝承が残っていなかったということだが、何故残っていないのかは謎である。

元々天照大御神が、河内・大和に天磐船に乗ってこられた時には、軍事的な侵攻ではなかったのだ。父伊邪那岐神は壱岐・対馬を中心とする原倭国、海原国の支配者であり、河内・大和とは既に通商があったし、入植している人もいたのである。

物部氏は琵琶湖の北東部ある余呉湖の周辺にいたけれど、紀元前に河内湖に移動したらしい。

そこで河内湖周辺の開拓と水運が重要だったのだ。原倭国を通して半島の技術を取り入れようとしていたのだろう。

それで原倭国の王である伊邪那岐神の王子天照大神をマレビトとして迎えて太陽神の国を建国したのある。武力で建国したわけではないので、天照大神はもっぱら日の神として、どの山から日が昇れば、どんな祭事をするとか、暦を作成して年中行事を定め、それで農耕や土木事業などを指導して君臨し、平和で豊かな国造りに尽力していたのだろう。

天照大神は天の岩戸で隠れるが、これは須佐之男命が狼藉がひどくて隠れたといわれている。実際は須佐之男命は嵐なので自然災害で亡くなったということかもしれない。それで天照大神の息子がもがりの洞窟から出てきて、天照大神の再生として天照二世として支配したのだろう。その息子が饒速日神である。彼も天照大神同様神政政治を行っていたと考えられる。

『先代旧事本紀』でも饒速日神が天降るのだが、彼は長髄彦の妹を妃にしてその子が生まれる前に急死している。しかしその原因は不明である。あるいはこの時に出雲勢力の侵攻があったのかもしれない。

戦乱となれば饒速日神は鏡を使ったりして、眩惑作戦や呪術でいろいろ試みたかもしれないが、実際の戦闘は長髄彦に任せていただろう。八千鉾神は大軍団を率いて、大雪崩のように押し寄せてきたので、これを防ぐには相当軍備を充実させ、訓練を積み重ねていなければ防ぎきれなかったようだ。

戦乱で殺されたとすれば、大国主神の支配している間は太陽神信仰が衰微したかもしれない。幸い御炊屋姫は饒速日神の子宇摩志麻治命《うましまちのみこと》あるいは味間見命《うましまみのみこと》を身ごもっていたので、その子が将来饒速日神を継承することになる。

恐らく磐余彦が東征してきた時に長髄彦を殺して、恭順した饒速日神は味間見命ではなく、その息子あるいは孫だったのだろう。

饒速日神も長髄彦も天降りの時から、百年後の磐余彦東征でも同じ名前で出ているので、話が混同されているのではないかという疑いがある。また何代目饒速日とか何代目長髄彦というように名前が代々継承されていることも想像される。それならそれでそのことをはっきり語らなければ、歴史物語としてのリアリティがなくなってしまうのだ。

八千矛神（＝大国主大神）にとって、三輪山を抑えて、大和河内を平定するのは大きな目標ではあっただろうが、最終目標ではなかった。あくまでも通過点であった。『日本書紀』では伊邪那岐神から須佐之男命は天下の支配つまり大八洲の支配を命ぜられていることになっている。これは出雲倭国の伝承の名残だろう。

大和倭国の伝承では伊邪那岐神は、天照大神が「日の食国」である大和倭国を治め、月讀命が「夜の食国」である筑紫倭国を治め、須佐之男命は海原を治めることになっていたのに、結局出雲倭国を建国したぐらいの伝承だったと思われる。だから出雲勢力が大挙して押し寄せてくるという予想はできなかったのだ。

出雲の伝承で須佐之男命が伊邪那岐神に命ぜられた天下の支配の天下には高天原や海原は含まれていない。現在の本州・四国・九州である。従って「日の食国」を押さえたのだから、次は山陽・北四国さらには「夜の食国」である筑紫倭国を平らげなければならないわけである。

どの時期に八千矛神から大国主命に呼び名が変更したかとかの記述はないので、版図拡大に血道を上げている段階は八千矛神と呼ばれ、蝦夷や筑紫倭国との善隣友好に努め、平和で豊かな国づくりに邁進するようになって、大国主命と呼ばれるようになったと受け止めておくことにしよう。

たとえ『先代旧事本紀《せんだいくじほんぎ》』の饒速日神の死が、戦死だったとしても、大国主命は饒速日神を擁していた長髄彦たちの物部氏を滅ぼしてしまったわけではない。生駒の麓の草香の豪族として認め、太陽神の祭祀を続けさせ、その兵力を大八洲統合に動員しようとしたと思われる。その結果、味間見命は饒速日二世を継承することができたのである。

北四国の讃岐の金毘羅宮《こんぴらぐう》は、大国主命を祀っている。大国主命は、象頭山《ぞうずさん》に行宮《あんぐう》を置き、北四国を平定したようだ。金毘羅宮はそれを記念して建立されたのである。

私は若い頃金比羅参りをしたことがある。七八五段石段を昇った上に金毘羅本宮があった。さらに五八三段登ったところに奥社がある。そのどちらだったか忘れたが、大国主命や大黒天などの彫り物がたくさん飾ってあった。中には「ふたなり」つまり男女具有神の姿の大国主命があったのを覚えている。ふたなり像を作った人は、大国を築くのに結婚を活用したということで、これほどの大国にしたのはふたなりだったからではないかと想像をたくましくしていたのだろう。そういう想像を誘うのは大国主命の呼び名に原因がある。大国主命は大穴持命とも大物主神とも呼ばれているからである。

第六章　国譲り説話

1　高天原の決定

八千矛は荒ぶる神の裔《すえ》なりや大和・筑紫は与へまじきを

大国主命の大和倭国攻略は、海原の倭国だけでなく、加羅の高天原の倭人集団にとっても到底容認し難いことだった。元々天照大神には大和・河内の「日の食国《をすくに》」、月讀命には筑紫の「夜の食国」を支配させ、須佐之男命に海原の原倭国を引き継がせる予定だった。ところが須佐之男命は泣き叫んでばかりで、海原支配をしなかったので「神逐《かむやら》ひ」されたのである。ついで筑紫にでかけ月讀命と宇気比《うけひ》をした。ところが筑紫では勝におごって悪戯が過ぎて、また「神逐ひ」されたのである。そして出雲に行き、そこに出雲倭国を建国した。

須佐之男命の後継を巡って争いがなかなか収まらなかったようだが、年の離れた婿の世代になって、出雲倭国は八千矛神によって内紛はおさめられたのである。須佐之男命の神剣を引き継いだ八千矛神《やちほこのかみ》は高志《こし》を手始めに天下統合を図ることになったのだ。大和・河内の倭国も饒速日神が戦死したかどうか謎だが、トップの死によって迎え撃つ体制が崩れたのか、出雲勢力に蹂躙されてしまったのである。さらには瀬戸内、北四国も統合して、筑紫倭国が落ちるのも時間の問題ということになった。

　高天原や海原倭国にすれば、倭人三国の分立なら、それぞれの倭国との交易で栄えることができるが、統一倭国になってしまうと、それに飲み込まれてしまいかねない懸念があったのだ。そこで由々しき事態だということで、高天原で会議が開かれたようだ。『古事記』では次のように記している。

「天照大御神之命以、豐葦原之千秋長五百秋之水穗國者、我御子正勝吾勝勝速日天忍穗耳命之所知國、言因賜而、天降也。於是天忍穗耳命、於天浮橋多多志此三字以音。而詔之、豐葦原之千秋長五百秋之水穗國者、伊多久佐夜藝弖此七字以音。有那理、此二字以音。下效此。告而、更還上、請于天照大神。爾高御産日神、天照大御神之命以、於天安河之河原、神集八百萬神集而、思金神令思而詔、此葦原中國者、我御子之所知國、言依所賜之國也。故、以爲於此國道速振荒振國神等之多在。是使何神而、將言趣。爾思金神及八百萬神、議白之、天菩比神、是可遣。故、遣天菩比神者、乃媚附大國主神、至于三年、不復奏。」

「天照大御神の命《みこと》もちて、豐葦原之千秋長五百秋之水穂國《とよあしはらのちあきながいほのあきのみずほくに》は、我御子正勝吾勝勝速日天忍穂耳命の知らす所の國なり、と言《こと》よせ賜ふによりて、天降りしなり。ここに天忍穂耳命《あめのをしほみみのみこと》、天浮橋に立たし、詔たまひしく『豊葦原之千秋長五百秋之水穂國は、いたくさやぎてありなり。』と、更に還り上りて、天照大御神にまをしたまひき。ここに高御産日神《たかむみすひのかみ》、天照大御神の命もちて、天安河の河原に、八百萬神《やおよろずのかみ》を神集《かむつどへ》に集へて、思金神《おもひかねのかみ》に思はしめて詔りたまいしく、『此の葦原中つ國は、我御子の知らす所の國と、言よさしたまへる國なり。故《かれ》、此の國にちはやぶる荒ぶる國つ神等の多《さは》なると思ほすに、何れの神を使はしてか言趣《ことむけ》なむ』と。ここに思金神及八百萬神、これを議して白《まほ》さくに、天菩比神《あめのほひのかみ》、これ遣はすべし』と。故、天菩比神を遣はしかば、すなはち大國主神に媚びつきて、三年に至るまで、復奏《かへりごと》をまをさざりき。」

さて天照大神が主神とされたのは七世紀になってからというのが、本書の主神差し替え仮説である。これに基づくと、冒頭の天照大神が長男の天忍穂耳命に水穂國の支配を命じたというのも、天忍穂耳命が天浮橋に立って、水穂国が騒がしくなっていると偵察して報告するのも七世紀の改作であると言わざるを得ない。

元の説話では天之御中主神が主神であって、出雲倭国による大八洲統合を阻止すべく会議を招集したとなっていただろう。須佐之男命と宇気比をしたのは月讀命なのだから、天忍穂耳命は月讀命の長子であり、筑紫で生まれ育っているのである。

2　高天原の使者と大国主命の平和で豊かな国造り

菩比・若日取り込まれたるふりをして十一年の時を稼げり

高天原の会議の目的はあくまでも出雲倭国による大八洲統合を阻止するところにあった。この会議は、元の口誦伝承では、天之御中主神の権威で、高御産巣日神が招集している筈である。智慧者としては思金神がいて、発案することになっていた。そこで「天菩比の神」を大国主命の許へ遣わしたことになっている。ところがこの神は大国主命に懐柔されて、三年たっても戻ってこない、報告しなかったのである。

では天菩比神は任務を遂行出来なかったのか、いいや、そうではない。八千矛神《やちほこのかみ》が筑紫倭国を併合しようとしているのを食い止めたのである。高天原の要求は、出雲倭国に八千矛神の軍が撤収することなのだが、八千矛神にすれば伊邪那岐神から天下の支配を命ぜられており、命令を実行しているだけなのだ。今更撤収は不可能である。その代わり、高天原の意向を尊重して、筑紫倭国とは善隣友好に努めようということにしたのである。

天菩比神にすれば筑紫倭国を自分の交渉で救ったと考えていただろう。大和・河内からの出雲への撤収に拘って、こじれると、筑紫ばかりか、海原国も出雲倭国に吸収されてしまうと判断したのである。三年間戻らないのも、筑紫倭国への侵攻を監視する目的だったのかもしれないのだ。

八千矛神も高天原の決定で大八洲統合を諦める。平和で豊かな国づくりへと方向転換したのだ。筑紫倭国を無理して攻略すれば出来ただろうが、海原国や高天原ともめてしまうと、半島との交易が途絶えてしまうことになりかねない。やはり最先端の武器の入手や高度な文化の導入には高天原の意向を全く無視するわけには行かなかったと想像される。

そこで高天原では天若日子《あめのわかひこ》を遣わして、事情を確認しようとしたが、天若日子も懐柔されてしまうのだ。大国主命の女下照比売《むすめしたてるひめ》と結婚して、八年間復奏しなかったのである。筑紫倭国への善隣外交に転換した大国主命は、平和で豊かな国づくりを通して、近隣諸国を自国の経済圏に取り込んでいくことで、統合を拡大していこうという戦略をとっていたのである。

この大国主命の平和で豊かな国づくりを推進したのが、神産巣日神《かみむすひのかみ》の御子で少名比古那《すくなひこな》の神であった。まあビジネスの天才のような神であった。それで産業の振興に大活躍したのである。彼はガガイモの舟に乗ってやってきた一寸法師の原型のような神だ。船来の神なので、大陸の先進的な知識や技術を伝えてくれたのである。

彼は、通称久延比古《くえびこ》と呼ばれた。山田の案山子《かかし》として後に信仰されるようになった。案山子は一本足であるところから、蛇とも考えられる。蛇は出雲のトーテム動物であり、また三輪山の御神体も蛇なので、大物主信仰とも関連するかもしれない。まあビジネスのネタは大地、自然の中にいくらでもあるので、自然との対話を通して、豊かな国づくりに励んだということだと解釈すべきであろう。

ただ農業などの産業を盛んにして豊かな国づくりに励むと、つい近隣諸国とも共存共栄できるような気になってしまうものである。それで国防がおろそかになりがちである。八千矛神と呼ばれた時はよく訓練された戦意の高い軍隊を持っていたが、平和が長く続くと緊張感がなくなり、実戦経験のない軍隊に弱体化していったのである。

天若日子も懐柔されて大国主命の婿に納まってしまったと記紀では評判が悪いが、裏読みすればわざと懐柔されたふりをして、平和で豊かな国づくりをさせ、軍事機密などを調査して筑紫倭国や高天原に情報を与えていたのかもしれない。

ただし、八年間経つ間に次第に大国主命の人柄に惹かれ、平和で豊かな国づくりに魅力を感じて、連絡が途絶え勝ちになったのだろう。そこで雉子名鳴女《ぎぎしなきめ》が遣わされたのである。天の佐具売《さぐめ》という諜報部の女に射殺すように言われて、天若日子は雉子名鳴女を射殺してしまったのだ。その矢は高天原まで届き、天の安の河原におられる高御産巣日神別名高木神に届いたのである。高御産巣日神はその情報を間諜から聴いて知っていたということを文学的に表現したものと推量される。

それで高木神は、その矢を落としてもし天若日子が邪心があれば当たれ、と言われて射ると天若日子に当って死んでしまったのだ。この神話的表現は、高木神の放った刺客に射殺されたということを意味しているのだろう。それで大国主命の娘で天若日子の妃の下照比売の泣き声は天まで届くし、高天原の親族も嘆き悲しんだ。これは天若日子が大変微妙な二重スパイ的立場だったことを伺わせるものである。もし天若日子が大国主命の籠絡作戦で身を持ち崩しただけの男なら、高天原の親族が嘆き悲しむ話を入れたりしなかったのでないか。

高天原の使者というのは、大国主命の国においても、大国主命の娘と結婚するなど特別高い地位と権威をもったということができる。

3　大国主命の国譲り説話

矛収め、平和で豊かな国造り、讃へぬ者なし大国主と

天菩比神と天若日子で計11年間かけて出雲勢力による筑紫侵攻を食い止めている一方で恐らく筑紫倭国で、極秘裏に大国主命の国に対する奇襲作戦計画を推し進めてきたのである。『古事記』には奇襲作戦の事細かい記述はない。建御雷と天の鳥舟の神が出雲の海岸で剣を逆さまに突き立てて大国主命に国譲りを迫っている。これだけでは歴史物語としては全く未完成だ。

大国主命は三輪山に住んでいたと思われる。三輪山の神が大物主神と呼ばれ、大国主の和魂といわれているので、そこが宮の役割をしていたのである。奇襲作戦の詳細は分からないが、各地方に置かれている出雲倭国軍の駐屯基地と三輪山包囲戦がほぼ同時に勃発したのではないだろうか、大国主命は宮を急襲されたのである。救援も期待できなかったので、三輪山を脱出して出雲に逃げ帰ったのである。しかし出雲にもすでに敵が待ち構えていた。原倭国である海原の国から

青柴垣の神事

おびただしい船が押し寄せて、出雲の国をあっという間に占領してしまったのである。

この出雲の海岸での国譲りの恐喝の場面では、すでに大国主命は囚われの身であったと思われる。国を譲れと言われて、いやだと突っぱねることができる戦況ではなかったのだ。それでも須佐之男命の後継者なので、矜持からか自分の口から参ったとは言えなかった。息子の八重事代主が答えるだろうと言うのである。息子に丸投げである。八重事代主《やえことしろぬし》は葛城《かつらぎ》一言主《ひとことぬし》のことだろうといわれている。彼は御大《みほ》の岬に漁にでかけているというので、天の鳥舟の神が呼び戻してきた。

八重事代主は「語其父大神言。恐之。此國者立奉天神之御子。即蹈傾其船而。天逆手矣。於青柴垣打成而隠也

その父の大神に語りて言う『之は畏し、この国は天神の御子に奉らむ』と。すなはちその船を踏みてかたぶけ天の逆手を打ちて、青柴垣に変えて隠りき。」と『古事記』にある。

これは事代主が自分の乗っている船をひっくり返して、海中に身を沈めて自殺したという説話

である。後世の葛城一言主と事代主が同一だとされているが、それは同じ神に別の人物が同一視されているということを意味している。その意味では須佐之男命は出雲の建国神だが、その生太《いくた》刀《ち》を引き継いで八千鉾神となった大穴牟遅も須佐之男命の化身と言えるかもしれない。さらに天叢雲剣で活躍したヤマトタケルも須佐之男命の再来といえるだろう。

さらに大国主命の子建御名方神《たてみなかたのかみ》がやってきて建御雷神に相撲で勝負を挑んだが、平和ボケで鍛錬を怠っていた建御名方神は、侵攻計画のために鍛えぬいてきた建御雷神に敵《かな》うはずはなく、逃げるが、諏訪まで追いかけられて追い詰められ天神の御子に国を差し上げることに同意せざるを得なかったのである。

そして息子たちの降伏宣言を受けて大国主命に迫ると、大国主命はやむなく降伏に同意し、壮大な宮殿を作ってくれるならばひっこんでいると言ったのである。

「爾答白之。僕子等二神隨白。僕之不違。此葦原中國者。隨命既獻也。唯僕住所者。如天神御子之天津日繼所知之。登陀流【此三字以音。下效此】天之御巣而。於底津石根宮柱布斗斯理【此四字以音】於高天原。氷木多迦斯理【多迦斯理四字以音】而治賜者。僕者於百不足八十[土冏]手隱而侍。亦僕子等百八十神者。即八重事代主神爲神之御尾前而仕奉者。違神者非也。如此之白而。乃隱也。

ここに答えまつらく、「僕《あ》が子どもふたりの白《まほ》すまにまに、僕もたがわじ。この葦原の中国《なかつくに》は、命《みこと》のまにまにすでにたてまつらん。ただ僕がすみかをば、天つ神の御子の天つ日継しろしめさんトダル天の御巣なして、底つ岩根に宮柱ふとしり、高天原にヒギたかしりておさめたまわば、僕は、ももたらず八十隈《やそくま》でに隠《かく》りて侍《さもらい》なむ。また僕が子等百八十神《ももやそがみ》は、八重事代主の神、神のみおさきとなりて仕えまつらば、違う神はあらじ。」このごとくまほして、すなはち隠りき。

これは降伏宣言である。息子たちと同様に天神の御子に国を譲ると宣言している。ただし、天神の御子が天下を治める宮のような壮大な天に届くような宮を建てて弔ってくれれば、黄泉の国におとなしく隠れていましょう。そして私のこどもたちは事代主神が率先して天神の御子にお仕えするので、逆らう神はいないでしょうと言って、お隠れになった、つまり自ら海に身を沈められたわけである。

これは実際にあった場面ではなくて、あくまでも勝者の報告なので、その点粉飾があるとみなければならない。つまり奇襲作戦で襲われて殺されてしまったというのが真相だったと推量される。

ところで大国主命は、八千矛神の時は恐ろしい神でしかなかったかもしれないが、晩年は平和で豊かな国造りに励み、善隣友好の政策をとっていたのである。それで心優しい理想の君主のように崇められ、因幡の白ウサギのような伝説もあるのだ。

にもかかわらず、高天原・海原・筑紫倭国の連合軍は残虐な奇襲作戦で殺してしまったと受け止められたのだろう。それで連合軍の支配に対して、レジスタンスの運動が広がっていったと想像がつく。それを抑えるために、作られたのが国譲りの説話であるという解釈が説得力がある。

だから大国主命やその息子たちは、天神の御子の支配の正統性を認め、国譲りの代償に壮大な宮を作ってくれれば、天神の御子の支配をお守りすると誓ったという話にしたのである。

それで実際に出雲大社が作られることになったのだ。これは怨霊を鎮める宮である。神道の社というのは七世紀までなかったといわれるが、それは自然自体がそのまま神なので、自然をそのまま仰ぐなり、手を合わせればそれが祭祀になるからである。社を作るのは、元々その社に怨霊を閉じ込めて祟らないようにするのが目的だったようだ。それで大国を支配していた大国主命を慰めるためには、大王の宮殿を凌駕する最大級の建造物を作る必要があると思われたのだろう。それだけ優遇しておけば、祟らないだろうし、大国主命を慕っている人々も仇討ちをしようとはしないだろうという発想だったようである。

もちろん『古事記』は八世紀に書かれているので、天神の御子とは天照大神の御子という意味なのである。しかし、本書では高天原の決定は、筑紫倭国を支援するというものであったと受け止めている。それに忍穂耳命は天照大神の御子ではなく、月讀命の御子なのである。この奇襲作戦は大成功だったので、建御雷神・布津主神などの連合軍は大国主命の版図を、そのまま引き継いで支配しようと試みたかもしれない。

高天原の主神が天之御中主神ならば、忍穂耳命が大八洲を統治すべき言われもないわけである。忍穂耳命を全面的に支援するという決定は、月讀命の建国した筑紫倭国を断固守って、出雲勢力と対決するという決定だった。天照大神が建国した大和・河内倭国は既に出雲勢力に席捲《せっけん》され、饒速日命二世は、地方豪族に収まってしまった。高天原が工作しても動きそうになかったのだ。そこで高天原は、月讀命の御子忍穂耳命を全面支援することになったのであろう。

4　饒速日命二世の逆襲

うましまみ大国主の徳称へ建御雷を追い払ひたり

忍穂耳命は記紀では天降りしていない。息子の邇邇藝命が代わりに天降りしている。本書では天降りは三貴神の事績である。月讀命は筑紫に天降って、筑紫倭国を建国したのである。その後継者が忍穂耳命だ。

宇気比では忍穂耳命は実は須佐之男命から生まれている。もちろん男から生まれるなど神話上の話で、リアルではありえない。だから須佐之男命が壱岐から避難してきて、月讀命と結婚して出来た子供だったかもしれない。姉弟結婚に成ってしまうが、集団同士の和合のためなので、王家ではありえないことではない。それに実際には姉弟ではなかったのだが、三倭国の建国神が姉弟だったことにすることで、倭国間友好の絆を固めようとしたのかもしれない。

だがトラブルを起こして須佐之男命は追放されてしまったのである。忍穂耳命は筑紫倭国の後継者として残されたということなのだ。

だから忍穂耳命としては、父の国出雲倭国とは善隣友好でいきたかっただろう。高天原の大国主命への使者たちも、大国主命の人柄に惹かれて筑紫倭国と出雲倭国の善隣友好を演出してくれたわけである。しかし建御雷神や布津主神は、極秘裏に筑紫倭国で侵攻軍を養成していた。忍穂耳命はすでに大王になっていたと思われるが、国家の存亡に関わる重要さえ聞かされていなかったのだ。

高御産巣日神は、高天原にいる神で天之御中主神に次いで第二位にある神だが、実際の政治手腕は随一の実力者だったようだ。筑紫倭国の存亡の危機だということで、忍穂耳命には娘の栲幡千々姫命《たくはたちぢひめのみこと》を嫁がせ外戚《がいせき》支配を行っている。だから奇襲作戦の計画、実行を命じたのは高御産巣日神だったと考えられるのである。

奇襲作戦自体は大成功だったのだが、平和友好路線をとっていた大国主命を奇襲で倒した侵略軍の評判はすこぶる悪いものだったと思われる。出雲大社を建立して、大国主命を慰めるなど気休めにすぎない。筑紫倭国が東征して倭人三国を統合するのなら、それ相応の大軍を率いて、占領体制を敷かなければならないのだが、何しろ筑紫倭国の大王である忍穂耳命にすら知らせない極秘作戦なので、戦後処理まで行き届かせるのは無理があったのである。

忍穂耳大王も大国主命やその息子たちには親族として好感を抱いていただけに、無慈悲に殺されたということで怒り心頭に発していたと推察できる。しかし筑紫倭国の実権は高御産巣日神に握られているので、大王の発言は無視されてしまう、ついには幽閉されてしまったのかもしれない。それで息子の邇邇藝命が大王を継いだのだろう。高御産巣日神の外戚支配である。もちろん邇邇藝命の天降りという発想は、七世紀の粉飾である。

筑紫倭国が、大国主命の死をきっかけに倭人三国の統合に乗り出すためには、国ごと東征しなければならなかったのだが、何しろ無謀な侵攻に対する反発が強くて、東征して治安の安定が図れる自信がなかったのだ。筑紫倭国も忍穂耳命と高御産巣日神の一族が反目し合ってまとまらず、とても全面的な東征はできない情勢だったのである。

この好機を逃さなかったのが、大国主命に父饒速日大王を殺された饒速日二世味間見命である。彼は父の仇である大国主命の支持勢力を糾合して、大和・河内を占領している連合軍に攻撃をかけ、これを駆逐したのだ。そして見事饒速日王国の再建を成し遂げた。河内・大和の大部分を版図に置いた。そして太陽神の神政国家を再興したのである。「日はまた昇るサンライズアゲイン」といったところだ。

この饒速日二世の軍事的パフォーマンスは、高御産巣日神・邇邇藝命の支配する筑紫倭国に対して、恩を仇で返す行為として受け止められた。何故なら大国主命は、先代の仇であり、その仇をとってくれた筑紫倭国を裏切って、大国主命支持派と結託して攻めてきたからである。だから饒速日王国は、筑紫倭国の英雄にとって侵攻すべき対象となったのである。

第七章　磐余彦の建国説話

1　邇邇藝命から伊波礼毘古命（神武）へ

このはなと契り交わすは一夜《ひとよ》のみその子供らは海山に棲む

記紀によると邇邇藝命《ににぎのみこと》は高千穂に天降るが、大和にも出雲に東遷はしていない。曾孫の伊波《いは》礼毘古《れびこ》（＝磐余彦）が同母兄《いろせ》の五瀬命《いつせのみこと》と一緒に東征をやり直している。ところで邇邇藝命は高千穂に宮を作って統治したとされているが、どんな政治をしたのか記述は全く存在しない。また、その版図も明らかではないのだ。書いてあるのは、邇邇藝命から伊波礼毘古への血のつながりだけである。

よく読んでみると意外なことが分かる。それはいわゆる嫡男の血筋というより、傍系だということである。だから磐余彦たちが高千穂宮で高い地位にあったとは言えないのである。

この血のつながりを興味深いものにすることで、磐余彦を天孫に連なるものとして持ち上げよ

堂本印象画「木花開耶姫」

うとしているのである。邇邇藝命は浜辺で美しい娘を見初《みそ》めて求婚した。その娘が木花佐久夜比売《このはなさくやひめ》なのである。父の山の神である大山津見神は姉磐長比売《いわながひめ》も一緒に差し出したのだが、美しくないので断られてしまう。それではかなく散ってしまう花を抱き、磐を抱かなかったから皇孫は、長生きできないという話がつくのである。

これはバナナ型神話というものだ。神が人間にバナナを取るか石を取るか選択させるが、人は食べられるバナナを取ったので死ぬことになった、石を取っていれば不老不死だったのにという型の神話で東南アジアに分布している。

それはいいとして、木花佐久夜と一夜の契りを結んだが、その親父さんが醜女《しこめ》の姉をつけてきたりするものだから、それで気を悪くしたのか、木花佐久夜ともそれっきりになってしまったのである。ところがその一夜の契りで妊娠してしまったのである。邇邇藝命は一夜だけでは子供はできないだろうと疑ったのである。

一種の誓約《うけひ》だが、盟神探湯《くがたち》という神明裁判がある。被疑者に、熱湯の中の石を握らせて、爛れたら有罪にされたのだ。それと同様のやり方である。木花佐久夜比売は、お産の時に産屋に火を放って、天孫の子でなければ子も私も無事ではないだろうというのだ。そして見事に三人の子供を燃える産屋から無事生んだという話である。これで認知させることができたのである。

この話は実話とすれば、邇邇藝命が認知しようとしなかったので産屋に火をつけて産もうとした、それでそんなことをされては大変なので、邇邇藝命も認知だけはしたということだったのかもしれない。あるいは本当に火遁の術でも使って、無事だったかもしれない。それなら凄いトリックが古代からあったことになる。

産屋炎上の事の真偽はさておき、木花佐久夜比売は元々一夜妻だったわけだから、正妻ではなかったことは確かである。だから沢山居た御落胤《ごらくいん》のうちの三人だったということになる。この兄弟は天孫の子だという誇りは持っていても、王子として育っていなかったのである。

長男が火照命《ほでりのみこと》、次男が火須勢理命《ほすせりのみこと》、三男が火遠理命《ほをりのみこと》だ。長男が海で釣りをして暮らしていたので海幸彦、三男は山で狩をして暮らしていたので山幸彦と言うのだから、全くの庶民である。

それでこの山幸彦は海幸彦に三度も頼んで道具と仕事を交換して釣りをしたのだが、一匹も釣れないどころか大事な釣針を失くしてしまったのである。それで山幸彦は大事な剣を潰して沢山の釣針で弁償しようとしたが、兄は許さなかったのである。

それで航海と製塩の神である塩椎神《しおっちのかみ》の助けで、海の神である綿津見神《わたつみのかみ》の宮殿に行き、そこで大歓迎され、赤目の鯛にひっかかっていた釣針を見つけてもらい、豊玉毘売《とよたまひめ》と結ばれたのである。

三年間があっという間に過ぎて、陸に帰る事になった。そして綿津見神から潮満珠《しおみつたま》と潮涸珠《しおふるたま》をもらったのだ、兄がいうことを聴かないと潮満玉で溺れさせ、謝って助けを求めると潮涸玉で助けるように言われたのである。こうして兄は溺れる様《さま》を踊りにして仕える俳人《わざびと》、俳優《わざおぎ》になったという説話である。

ところで火遠理命が陸に戻る時に豊玉毘売は妊娠していて、浜で産屋を作ってお産をしたのだが、産屋が出来上がらない間に生まれたので、その御子の名を鵜葺草葺不合命《うがやふきあえずのみこと》と呼ぶ。このお産の様子を見ないでくださいと頼んでいたのに、火遠理命はつい見てしまったのだ。なんと豊玉毘売は八尋鰐《やひろわに》の姿をしていたのだ。

異類の者と結婚し、機織とか、お産とかのような何かをするのを見ないでくださいとタブーにして、そのタブーを破られて正体を見られると別れるという説話の一つである。伊邪那岐の黄泉訪問もそうで、民話でも龍女の「三井の晩鐘」や「鶴の恩返し」などがある。これは海人系の神話に多く、ベトナム神話にもあるようだ。

正体を見られてしまうと綿津見神の宮に戻るしかないのだ。そこで妹の玉依毘売《たまよりひめ》を子供の養育係にしたようである。そして結局、鵜葺草葺不合命が叔母さんの玉依毘売と結婚して生まれたのが、上から五瀬命、豊玉毘売のところへ行った稲氷命《いなひのみこと》、常世に渡った御毛沼命《みけぬのみこと》、そして若御毛沼命だ。この若御毛沼命が豊御毛沼命ともいい、別名神倭伊波礼毘古命《かむやまといはれびこのみこと》なのである。

このように神話として山の神の娘と結ばれたり、海の神の娘と結ばれたりといろいろ潤色しているが、猟師の娘、漁師の娘と読み替えることができる。結局、邇邇藝命の一夜妻の御落胤ということである。それが兄とのトラブルで失踪して、三年たって戻ってくると、強くなっていて兄とのトラブルに勝ったのだ。失踪先から追ってきた女性が子を産んだけれど、水が合わずに戻ってしまう。その子を育ててくれた叔母との間にできた子が磐余彦なのである。だから筑紫にいては支配者になれないということで、東征することにしたという解釈も成り立つのである。

記紀が皇室の万世一系というものを強調するために全くのフィクションを書き連ねたものとすれば、邇邇藝命から磐余彦の血統をこのように表現したであろうか。たしかに『古事記』には、日子穂穂出見命《ひこほほでみのみこと》（火遠理命）は高千穂の宮に五八〇年いたとあり、御陵は高千穂の山の西にありとされているが、即位の記事も治政の記事も存在しないのだ。鵜葺草葺不合命については子供のことしか書かれていない。ただし『日本書紀』には鵜葺草葺不合命は西洲宮《にしのくにのみや》でなくなり、吾平《あひら》山上陵《やまのうえのみささぎ》に葬ったとあるが、それ以外に記事は存在しない。

戦後歴史学は記紀神話をフィクションであるという面ばかり強調して、神話から潤色の部分を除くと何が歴史として見えてくるかにあまり取り組まなかったようだ。当時の史料はほとんど残存しないのだから、記紀神話を解読する方法を見出すことが大切なのである。

2　磐余彦の東征

筑紫では御位伺ふ由もなし難波を討ちてしろしめさなむ

磐余彦は15歳で皇太子になったとあるが、彼は全くの傍系なので、高千穂宮の皇太子になれるはずがない。歴史的にも皇太子という制度はそれほど古くないようだ。おそらく聖徳太子が最初だろう。聖徳太子が皇太子だったというのも根拠がないという人がいる。確認できるのは草壁皇子が最初だという論者がいるが、それは天皇号の成立を天武・持統朝に認める論者である。法隆寺金堂の薬師如来像の後背銘には「太子」の文字があるのだから、後背銘が七世紀末に書き直されていたとしても、火事か何かで損傷したので書き直したとすれば、原文を尊重したと思われる。

磐余彦は45歳で東征に行くと宣言したときに、「天孫が降臨されてから一七九万二四七〇余年になる」ととんでもないことを言っている。その天孫から曾孫が本人なのに、とんでもない話だ。「天孫が降臨されてから」ではなく、「人類が誕生してから」ということを言いたかったのだろうか。それを聴き間違えていたりして、まさか、そんな人類考古学的知識なんかなかったはずである。

もちろん八〇年ぐらいだとは、分かっていただろう。

私も曽祖父が阿波から材木商をしていたけれど船が沈んで倒産し、大阪に明治の初めに出てきたのが九〇年ほど前だということを子供のころ知っていた。だから年月がたってしまったということを極端にオーバーに表現したとみられる。底抜けに面白い表現で、磐余彦のもうがまんできないという野心満々の性格をユーモラスに表現していると言えるだろう。

彼は塩椎神《しおつちのかみ》に眼をかけられていて、河内や大和の話を聴いている。どうも塩椎神は航海や製塩に詳しいので、瀬戸内の海運で顔が利きボス的存在だったかもしれない。彼の話から饒速日が河内・大和に勢力を張っているということを知り、東にいけば自分も天下を取れるのではないかと考えたのかもしれない。本書の仮説では大八洲の水運は海原倭国が仕切っていたので、塩椎神は海原倭国の擬神化かもしれない。

磐余彦も王子としてではなかったが、高千穂宮にいたらしいので、邇邇藝命の即位前に、武御雷神らの大国主奇襲作戦と国譲りの話は知っていただろう。結局親の仇を取ってやったのに、饒速日二世に撃退されて、大和倭国の太陽神の国を再建されてしまったということで、この借りは返さなければと考えていたと思われる。

饒速日二世の決断は政治家として極めて立派な決断だった。あくまでも太陽神の国、饒速日王国を再建するためには、武御雷神らが率いていた倭国連合軍を河内・大和から撃退しなければならない。ところが武御雷は饒速日一世を殺した大国主を殺して、親の仇を取ってくれた恩人でもある。そして彼らを追い出して饒速日王国を再建するためには、大国主支持勢力を糾合しなければならないのである。個人的な感情を棚上げにして、饒速日王国の再建こそが親孝行だという判断の下で決起したのであろう。

高天原の決定が磐余彦にとって大義名分だったのだが、それは決して記紀に記されているような天照大神の血統が天下を支配すべきだという血統論での正統性に基づく決定ではなかったのである。元々の伝承では、恩を仇で返し、倭国連合軍に背いた饒速日二世を討伐せよという正義論

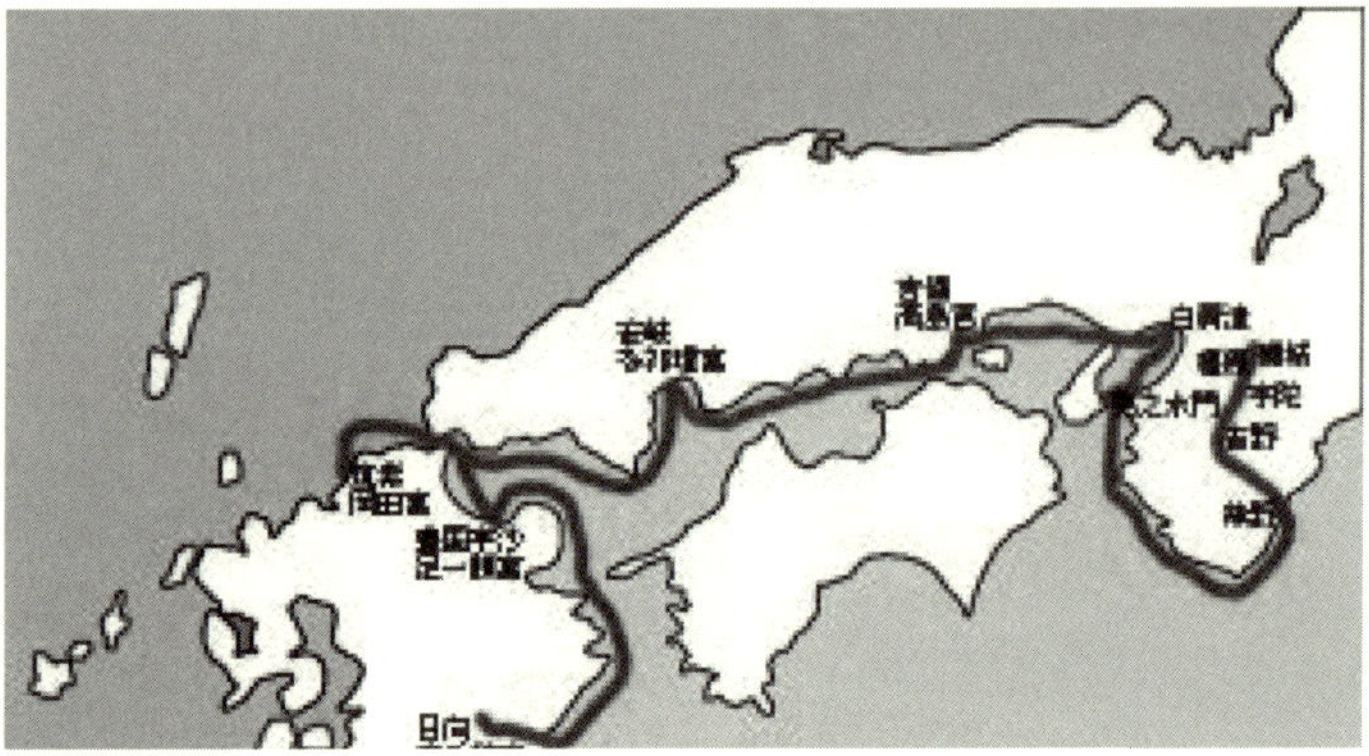

神武東征地図

での決定なのである。

記紀は、天照大神を主神・皇祖神にするという神道改革を軸に改変されている。神武東征の合理化も、神武が天照大神の血統であるという血統の正統性で行っていて、正義論が欠けている。だからもしも血統が怪しいとなれば、単なる侵略になってしまうのだ。そのことも織り込んで、だから天照大神が皇祖神なのは確実だという印象を与えたかったのかもしれない。

『日本書紀』では一〇月に諸皇子、舟軍を率いて日向を出発している。いかにも筑紫の大王であったことは前提みたいだが、それは全く信用できない。その年のうちに安芸につき、翌年三月吉備で高島宮を設けて三年間東征の態勢を整え、三年後に浪速に到着している。

ところが『古事記』では全く違っているのだ。日向より宇佐を経て筑紫の岡田宮に一年いた。阿岐（安芸）の多祁《たけ》理宮《りのみや》に七年、吉備の高島宮に八年いたのだ。ようするに瀬戸内の各地に拠点を移して勢力を拡大しつつ、十六年かかってやっと浪速に到着したのである。

おそらくこの方が史実に近いだろう。つまり『日本書紀』だと大王が政権ごと移動して、東征したことになるが、『古事記』だと、兄の五瀬命と相談して、塩椎神の支援を受けて自分たちの勢力だけででかけたことになる。そして安芸の平定に七年、吉備の平定に八年かかったのだ。それでやっと大和を伺える勢力になったわけである。

『日本書紀』には「神代」に関しては「一書に曰く」というので、本文とは違った記述が別の何種類かの書物から参照されているが、「巻三、神武天皇」からは本文のみである。だから『古事記』が一書の役割をしているのである。

河内湖に入る狭い水路があって、大阪湾から生駒山の西麓の日下《ひのもと》の草香にあった津（港のこと）まで船で行けたのだ。そういう昔の地理的知識が正確なので後世の単なる創作だけではないという評価もある。

そこで地元登美の豪族那賀須泥毘古《ながすねひこ》や登美毘古《とみびこ》と戦ったのだが、形勢は不利で、五瀬命は登美毘古の矢で深傷《ふかで》を負った。そして五瀬命は、日の神の御子なのに日に向かって戦うのは良くなかったと反省して退却したと『古事記』にある。

「於是與登美毘古戰之時、五瀬命、於御手負登美毘古之痛矢串。故爾詔、吾者爲日神之御子、向日而戰不良。故、負賤奴之痛手。自今者行廻而、背負日以擊期而、自南方廻幸之時、到血沼海洗其御手之血。故、謂血沼海也。

ここに登美毘古と戦ひたまひし時に、五瀬命、御手に登美毘古の痛し矢串を負はしき。故《かれ》、爾《ここ》に詔《のりたも》ふに、「吾は日神の御子爲《なる》を、日に向ひて戦ふは良《ふさは》ず。故、賤奴《やつこ》が痛手をなも負ひつる。今よりはも、行き廻りて、日を背負ひてこそ撃ちてめ」と。南の方より廻り幸《い》でます時に、血沼海に到りて其の御手の血を洗ひたまひき。故、血沼《ちぬ》海《のうみ》と謂ふ也。

これは磐余彦や五瀬命が「日神之御子」であると述べているから、後世の粉飾である。筑紫倭国の大王家は月讀命の子孫なのである。そして戦っている相手の饒速日四世あるいは五世こそ「日神之御子」なのである。だから元の口誦の伝承は「敵者爲日神之御子、向日而戰不良。(かたきは日の神の御子なるを、日に向かひて戦ふはふさわず)」だったかもしれない。つまり太陽神を相手に、日に向かって戦うのは眩しくてよく見えず不利だから、日の背後に回るべきだというのである。

そして和歌山市の紀ノ川の河口で五瀬命は亡くなった。『日本書紀』では熊野から再び海路をとったときに暴風にあい稲飯命は海神の許に行き、三毛入野命は波頭を踏んで常世に行かれたとある。結局磐余彦は三人の兄を東征で失ったということだ。

また書紀には熊野の荒坂の津で女族と戦ったとある。『古事記』では大きな熊が出てきて、どうもこれが毒気を出したらしい。ともかく荒ぶる神の毒気をうけてみんな倒れてしまったということだ。

そこに高倉下《たかくらじ》という謎の人物が現れた。彼が夢のお告げで磐余彦に届けるように授かった神刀を届けたのである。それは建御雷命が国譲りで使った横刀だった。この神刀で東征軍は意識を取り戻し、荒ぶる神を皆切り倒したという。それは佐士布都《さじふつ》あるいは甕布都《みかふつ》の神という名前の刀である。現在は石上神宮《いそのかみじんぐう》にあるようだ。鹿島神宮にもあるが、それは二メートルを超える長刀なので実戦には使えないだろう。この高倉下の参戦で、倭国連合の支援を得たということになる。

大国主の国譲りで活躍した経津主神《ふつぬしのかみ》も刀だったかもしれない。経津主神は饒速日命と共に物部氏の祖とされている。刀が神であったり、霊であったりする、その場合に刀自体が神だということである。刀に刀という物体とは別の神が宿っているという発想ではないことに留意して欲しい。ただし、その刀を使う人も現人神としてその神の化身となることがある。刀と人は分身のような関係である。心理学的にいうならば同一視だ。

高倉下は『旧事本紀《くじほんぎ》』という物部氏に縁が深い歴史書では饒速日の子ということになっている。ただし饒速日命は何世か分からないので、当時の饒速日命の子ではないかもしれない。兄弟か親族ということになる。この時はまだ当時の饒速日命は磐余彦に帰順していない。だから、高倉下が饒速日命の子ならとんでもない親不孝の裏切り者だったことになる。

ただし饒速日一世の子の子孫だったとすると、味間見命は、親の仇をとってくれた倭国連合軍に叛いたので、とんでもない親不孝だと反発したかもしれない。そう考えれば、磐余彦に協力したのは納得できないことはない。

それで熊野山中で道に迷っていたので、高木の神（高御産巣日の神）が三本足の八咫烏《やたがらす》を高天原から遣わして道案内をさせた。それで吉野川に出ることができたのだ。そこで地元の国つ神つまり地方豪族を味方につけて態勢を整えていったようである。

「三本足の烏」は高句麗のシンボルマークでもあるので、高天原を半島南端部だという解釈にたつならば、高句麗と加羅の関係などに関連するかどうか問題にすべきかもしれないが、おそらく七世紀になってから太陽神を高天原の主神にした関係で、太陽神の使いである三本足の八咫烏という発想になったと思われる。

もちろん熊野廻りに東から回ってきたとはいえ、西国からの侵略者なので地元の豪族の中には、磐余彦の使いを迎え撃とうとする者もいたのである。形勢不利とみた兄宇迦斯《えうかし》は磐余彦に恭順するふりをして、屋敷に仕掛けを作って討ち取ろうとした。だが弟宇迦斯《おとうかし》がそれを密告して磐余彦側に兄を討たせたのである。

弟が恭順し、兄が抵抗する話には兄磯城《えしき》と弟磯城《おとしき》の話もあり、これは『日本書紀』が詳しい。これらは兄弟の家督争いがあって、弟が兄を裏切ったのかもしれない。忍坂《おさか》の大室《おほむろ》では八十人の地元の威張っている猛者たちにご馳走を振舞うとだまし、料理人に一斉に討ち取らせたりしている。自分たちは高天原の支持を得た天つ神の御子を戴いているので、地元の人々が恭しくしないと生意気だと思ったのだろう。だがそれは非常に身勝手な理屈である。地元の人にすれば、そんな権威を知らなかったのだ。つまり磐余彦たちは新手の侵入者でしかなかったのである。そしていよいよ登美毘古《とびひこ》を討つ。兄五瀬命《いつせのみこと》の仇討ちという気持もあったようだ。

「みつみつし久米《くめ》の子らが　垣下《かきもと》に　植ゑしはじかみ　口ひひく　われは忘れじ　撃ちてし止まむ（勇敢な久米の子らが垣のところに山椒を植えた。そのぴりりと辛い苦い思い出を私は忘れないさんざんに撃ち殺してやる）」

という久米歌を歌っている。磐余彦の兵士を久米部といい、戦勝の際に磐余彦と共に久米部たちが唱和した歌を久米歌と言う。記紀には久米歌がいくつも載っているのだ。まるでミュージカルみたいに戦をしていたということになっている。

那賀須泥毘古《ながすねひこ》（長髄彦）との決戦は『古事記』には出ていない。『日本書紀』では五瀬命は長髄彦軍の流れ矢に当たったことになっているので、長髄彦との戦いが復讐戦なのである。

この決戦では金色の不思議な鵄《とび》が飛んできて磐余彦の弓の先に止まった。その鵄は雷光のように光り輝いて長髄彦《ながすねひこ》の軍勢は力戦できなかったようである。

劣勢になった長髄彦は兵を引いて、磐余彦に使者を送って、言上した。つまり自分たちは天《あめの》磐船《いわふね》で天降った天神の御子である饒速日命に仕えている、あなたも天神の御子と言っているが偽者でしょうと。それで磐余彦は、いや天神の子は多くいるのだ。天神の子というなら証拠を示しなさい、と返答したのである。

それで饒速日命の天の羽羽矢《ははや》と歩靫《かちゆき》を示すと、これは本物だと認めた。その上で磐余彦は、自

月岡芳年画『大日本名将鑑、神武天皇』

分が持っているものを示したのだ。それで長髄彦は畏まったのだが、今更戦いを止めるわけにはいかなかった。それに長髄彦にしたら磐余彦は侵略者だから、やはり撃退したいわけである。

「饒速日命、本より天神の慇懃《いんぎん》を知る、唯、天孫、是與にす。」と書紀にある。この場合の天孫は饒速日命ではなくて邇邇藝命を指している。結局、饒速日命が高天原は邇邇藝命の血統を重んじているので、逆らっても無駄だと長髄彦を説得しても聴きそうにないので、仕方なく長髄彦を殺して磐余彦に帰順したという説明にしてある。

つまりあの大国主命でさえ、高天原が指導する倭国連合にやられてしまった。高天原を敵に回して勝ち目がないということだろうか。しかし饒速日命二世は、倭国連合軍を撃退した経験があるのだから、ここで弱音を吐いて、長髄彦を殺したというのは解せない。勝者が伝えた伝承なので、史実はどうか分からない。長髄彦が戦死したので、当時の饒速日命には軍事的な才覚がなかったので、太陽神の祭祀権を保証してもらって、降伏したのかもしれない。

記紀から粉飾を取り除いて歴史の実相を覗くのは大変だが、結局、天孫の血統を名乗るヒーローが河内や大和を制圧し、そこから天下に号令しようと戦ったことが分かる。

その際に饒速日命は地元の豪族と融和し、太陽神という宗教的権威で君臨したのに対して、磐余彦はもっぱら「撃ちてしやまむ」と軍事的制圧によって覇権を樹立しようとしたのである。結局当時の饒速日命は軍事的敗北を認め、物部氏として磐余彦に仕えることになったのである。

磐余彦の即位が紀元前六六〇年だったというのは辛酉革命説による後世の全くの虚構で、おそらく一世紀か二世紀頃だと思われる。建国精神としては「八紘一宇《はっこういちう》」である。これは、『日本書紀』巻第三神武天皇の条にある「掩八紘而爲宇」（八紘《あめのした》を掩《おほ》ひて宇《いえ》と爲《なさ》む）からきた言葉だ。日蓮宗から興った新宗教団体国柱会の田中智學という人の造語のようだが、一九四〇年に近衛文麿首相が「皇国《すめらみくに》の国是《こくぜ》は、八紘を一宇となす建国の精神に基づく。」と発言したのである。

宮崎県平和台公園の「八紘一宇」塔

磐余彦自身の考えとしては天孫の皇統を受け継ぐ者が、天下に君臨して一つにまとめるべきである、ということだ。そうしてこそ天津神、国津神、八百万の神々によって守られて国が栄えるのだという考え方である。その実現を阻む者は「撃ちてしやまむ」という構えなのだ。

磐余彦大王も饒速日大王もまとまりの中心にいるという意味では同じ発想だったが、磐余彦はその実現を阻むのを軍事的に制圧するという構えが鮮明だったのだ。それに比べて天照大神、饒速日の系統は、みんなに立てられて中心につこうとする、もめるようなら隠れてしまったり、軍事的に最後まで決着をつけるより、祭祀権を確保して恭順してもよいという姿勢である。

日本の歴史的伝統にはこの二つの傾向があるのだ。軍事的な覇権を求める磐余彦的傾向が強くなったら恐ろしい軍国主義国家になるが、和を求める饒速日的傾向が強くなれば平和で豊かな国づくりを目指すことになる。

しかし本書で解明してきたように、須佐之男命と宇気比したのは筑紫に天降って、月の国、夜の食国を建国していた月讀命だった。そして月讀命は女神だったのである。邇邇藝命は月讀命の孫であり、磐余彦はさらにその曾孫だったのだ。

伊邪那岐の大神が、天照大神に命じたのは河内・大和の日の食国の建国である。従って、天照大神の子孫である饒速日王国を筑紫倭国の王統の分家が侵攻して大和政権を打ち立てるのは、本来なら許されないところだった。だが、大国主の築いた帝国を奇襲して滅ぼした高天原・海原・筑紫倭国連合軍を撃破した饒速日二世への遺恨《いこん》があって、高天原は磐余彦を支援したのである。

ところで記紀は、磐余彦の饒速日王国侵攻を主神にして皇祖神である天照大神の直系が傍系を飲み込んだように印象付けようと記述されている。それは七世紀の神道改革の結果を踏まえて変更したものである。元々の口誦では、月讀命の子孫が天照大神の子孫の王国を侵攻して滅ぼした事件として語られていた筈である。

だから磐余彦による大和政権の樹立は、太陽神の支配する国という意味での「日本国」の建国ではなく、むしろ「日本国」の亡国なのであり、現在の「建国記念日」は「亡国記念日」と捉えた方が真実に近いのである。磐余彦の東征は従って大和倭国を筑紫倭国の王統の分家が分捕ったようなものである。筑紫倭国には別の王が君臨していた。

ただし、磐余彦大王に分捕られた大和倭国は、主神を天之御中主神、大王家の祖先神を月讀命にしていたので、朝廷儀礼は星や月を祀るものであった。とはいえ、大和・河内は太陽神信仰が農耕では中心的意義があったので、饒速日神を首長とする物部氏が昼の太陽神の儀礼を引き続き行っていたのである。

第八章　邪馬台国論争と倭人三国仮説

1　景行天皇による西日本統一

月読の筑紫倒せし熊襲らを討ち平げて獲たりき三宝

本書の仮説によると、大和政権による西日本統一は、大帯彦《おほたらしひこ》（景行天皇）のいわゆる「熊襲征伐」によることになる。それなら時期的には卑弥呼より一世紀後になるのだ。

卑弥呼は三世紀半ば二四八年頃に亡くなっている。これは動かせない。それに対して、大帯彦は倭　建　命《やまとたけるのみこと》の父王だから、息長帯媛《おきながたらしひめ》（神功皇后）の祖父の世代である。彼女の息子の誉田別大王《ほむだわけおほきみ》が五世紀初めなので、息長帯媛は四世紀末に活躍したことになる。だから『高句麗好太王碑文』に「倭以耒卯年来渡[海]破百残■■新羅以爲臣民（倭は辛卯年《かのとうのとし》に海を渡り百残――新羅を破り臣民となす）」の辛卯年は三九一年なので、この侵攻は息長帯媛の侵攻である可能性が高い。そこから逆算して祖父の時代は約半世紀前ということで四世紀中頃となり、卑弥呼《ひみこ》の時代から一世紀後

大帯彦大王（景行天皇）

になる。であるならば、卑弥呼の時代はまだ西日本の統一ができていなかったことになる。

ところが邪馬台国《やまたいこく》大和説だと西日本の統一がなされていたことが前提なので、邪馬台国九州説の方が本書の大帯彦による「熊襲征伐」が西日本統合になったとする仮説には好都合なのである。

しかし最近は九割以上の考古学者は邪馬台国大和説で決まりだと言っているようなのだ。邪馬台国九州説はすこぶる形勢が悪い。私の仮説はあくまで記紀の記述に即して、その矛盾から考えている結果なのだから、邪馬台国大和説が確定的ということになれば、記紀の記述がどうして歴史的事実と乖離したのかを考察するしかないのである。

既に、前章で考察したが、磐余彦の東征が、記紀では筑紫倭国全体の東遷であるかに書かれているけれど、邇邇藝命から磐余彦までの系図からみて、磐余彦の一族は王統を引いていると自称している一豪族にすぎないことが分かった。ならば、東征で樹立された大和政権と筑紫政権は別政権と捉えるべきであろう。それに記紀の記事からみて、大帯彦の時代まで、両者の統合を示唆するような事件は全く存在しない。だから、三世紀中頃は筑紫倭国と大和倭国は並立していたと推測される。

2　大和倭国と筑紫倭国の統合

邪馬台は筑紫にありし理《ことわり》か、大帯《おほたらし》まで三倭国なり

では、邪馬台国論争が大和説で決まりということなら、「倭人三国」仮説も撤回しなければならないのだろうか、それは早とちりになる。もし邪馬台国が大和にあったとしたら、それは磐余彦政権ができてから三世紀前半までに筑紫倭国と大和倭国が統合されたことを示す説話があったけれど、最初から筑紫倭国が王朝ごと東征したことにしたので、そういう説話はカットしたことになるのだ。

両倭国の統合は、どちらかが侵攻して併合したか、両倭国の大王家が婚姻などで一緒になって平和裏に統合したということが考えられるが、それならそれで、別に隠すようなことではない筈で、そういう歴史的大事件を削るというのはいかにも不自然である。だからそれは確かに謎である。穿った見方をすると、磐余彦の系統が分家だったことがはっきりしてしまうのが、いやだったのかもしれない。それに筑紫倭国の邇邇藝命から四世紀半ばまでの歴史を綴らなければならなくなるが、何らかの事情で七世紀初めまでに伝承が途絶えた可能性もある。

もっとも説得力があるのは、熊襲に四世紀前半に邪馬台国はおろか、筑紫の伊都国とか奴国とかがみな滅ぼされてしまって、大帯彦が救援にいった時は時既に遅しであったと思われる。その時には伝承を伝える人は皆死んでいたということも考えられるのである。あるいは筑紫の君磐井の乱の時にも語り部が亡くなったりしたことがあったかもしれない。

ともかく統合までの筑紫の歴史を伝えられる語り部が七世紀初めまで残っていなければ、筑紫倭国の歴史は書けないわけである。だから磐余彦が筑紫倭国をまるごと率いて東征したことにしてしまったということも考えられる。

それに七世紀はじめに行われた高天原の主神と皇祖神を天照大神に差し替えたことで、筑紫側の伝承をかなり変えなければ使えないことになって、それなら磐余彦東征の際に国ごと東遷したことにしようとなったのかもしれない。

3 邪馬台国大和説の証明

箸墓の年代卑弥呼と重なれり、鏡のひろがりそを明かせるや

二〇〇八年に行われた、国立歴史民俗博物館の研究チームによる加速器質量分析法（AMS）を使った放射性炭素年代測定によって、箸墓古墳《はしはかこふん》（奈良県桜井市）の土器「布留《ふる》0式」について、二四〇年から二六〇年という結果が出た。『魏志倭人伝』が記す卑弥呼の死期二四八年と重なっ

たのだ。これまで箸墓古墳は、四世紀中頃とされていたのが、百年遡って三世紀中頃になったのである。同時期には他に有力者は考えられないので、卑弥呼の墓にほぼ決まりだということになっている。

箸墓古墳空中写真

しかし倭迹迹日百襲姫命《やまとととひももそひめのみこと》の箸墓古墳は前方後円墳だが、卑弥呼の墓は、「径百余歩」となっているので、直径約一五〇メートルの円墳の筈である。それで円墳に後から拝殿のための前方部を付け足したのではないかという解釈もあったが、それは元々壺型につくられていたことがはっきりしたようである。（一九九八年桜井市教育委員会の見解）

もっとも後円の部分が「径百余歩」だということで、円墳とは限らないという解釈も有り得るが、箸墓古墳の画像をみれば、後円部の直径で大きさを代表させるのは不自然だと分かる。

それに『魏志倭人伝』では、「邪馬台国」は「女王国」ともっぱら表現されている。卑弥呼が王であり、弟が補佐役だが、倭迹迹日百襲姫命の場合は、どうだ

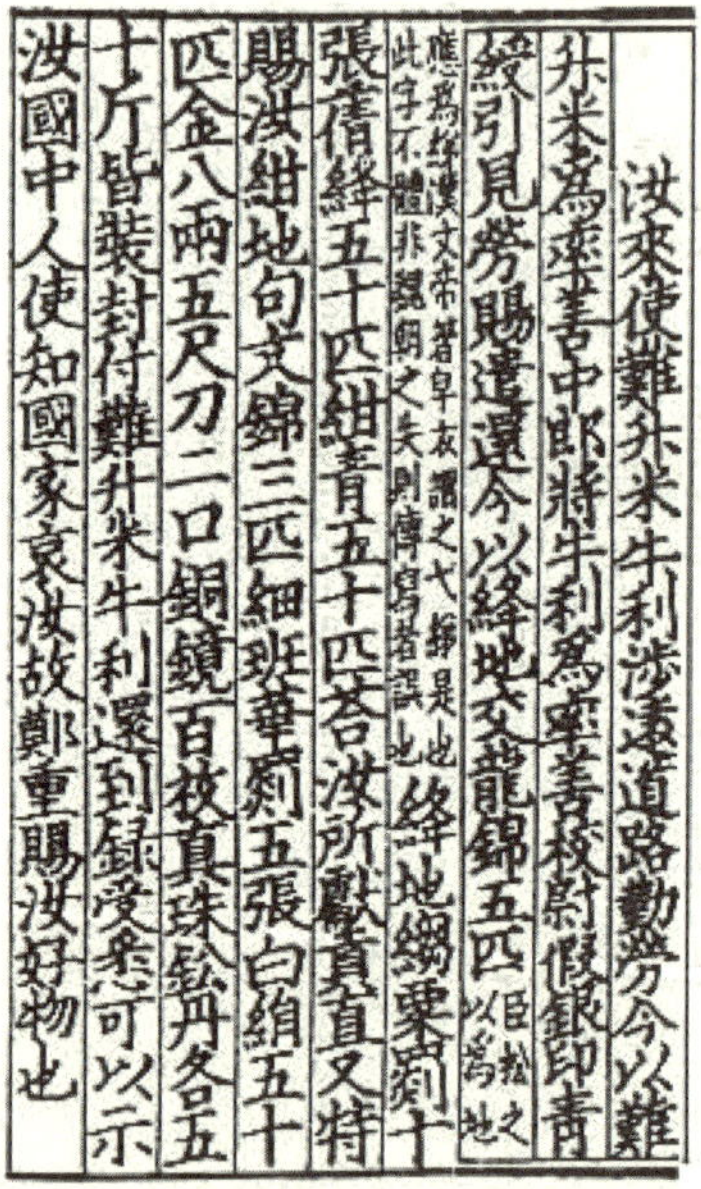
汝來使難升米牛利渉遠道路勤勞今以難
升米爲率善中郎將牛利爲率善校尉假銀印青
綬引見勞賜遣還今以絳地交龍錦五匹臣松之以爲地應爲綈漢文帝著皁衣謂之弋綈是也此字不體非魏朝之失則傳寫者誤也絳地縐粟罽十
張蒨絳五十匹紺青五十匹荅汝所獻貢直又特
賜汝紺地句文錦三匹細班華罽五張白絹五十
匹金八兩五尺刀二口銅鏡百枚眞珠鉛丹各五
十斤皆裝封付難升米牛利還到録受悉可以示
汝國中人使知國家哀汝故鄭重賜汝好物也

『魏志倭人伝』の銅鏡百枚の記事

ろうか。

『日本書紀』の「崇神紀」の説話では、三輪山の神、大物主が通って妻にしたのだが、百襲媛がその正体を見たら、衣紐《ころもひも》ぐらいの小さい白蛇だったのだ。それで大物主に恥をかかせてしまったので、後悔してへたり込み、箸を女陰《ほと》に突き刺して死んだという説話がある。この死は事故死とも自殺とも解釈がわかれているようだが。ともかく三輪山の神の御杖代《みつえしろ》、神の花嫁という位置づけである。統一倭国の女王というような位置づけではないのである。

大物主信仰が廃れていたので、大いに祟《たた》って疫病などでたくさん死んだので、大物主の子供を見つけてきて、祀らせたという崇神天皇の話がある。もし百襲媛が大王を兼ねていたとしたら、神の花嫁として、大物主の神威で神権政治を行ったということになるかもしれないが、しかし大王の権威が、滅ぼされた元王朝の祟り神からくるというのは、どうにも筋が通らない。

大物主は大国主の和魂《にぎみたま》と言われている。元々、大国主・大物主というのは、高天原、海原倭

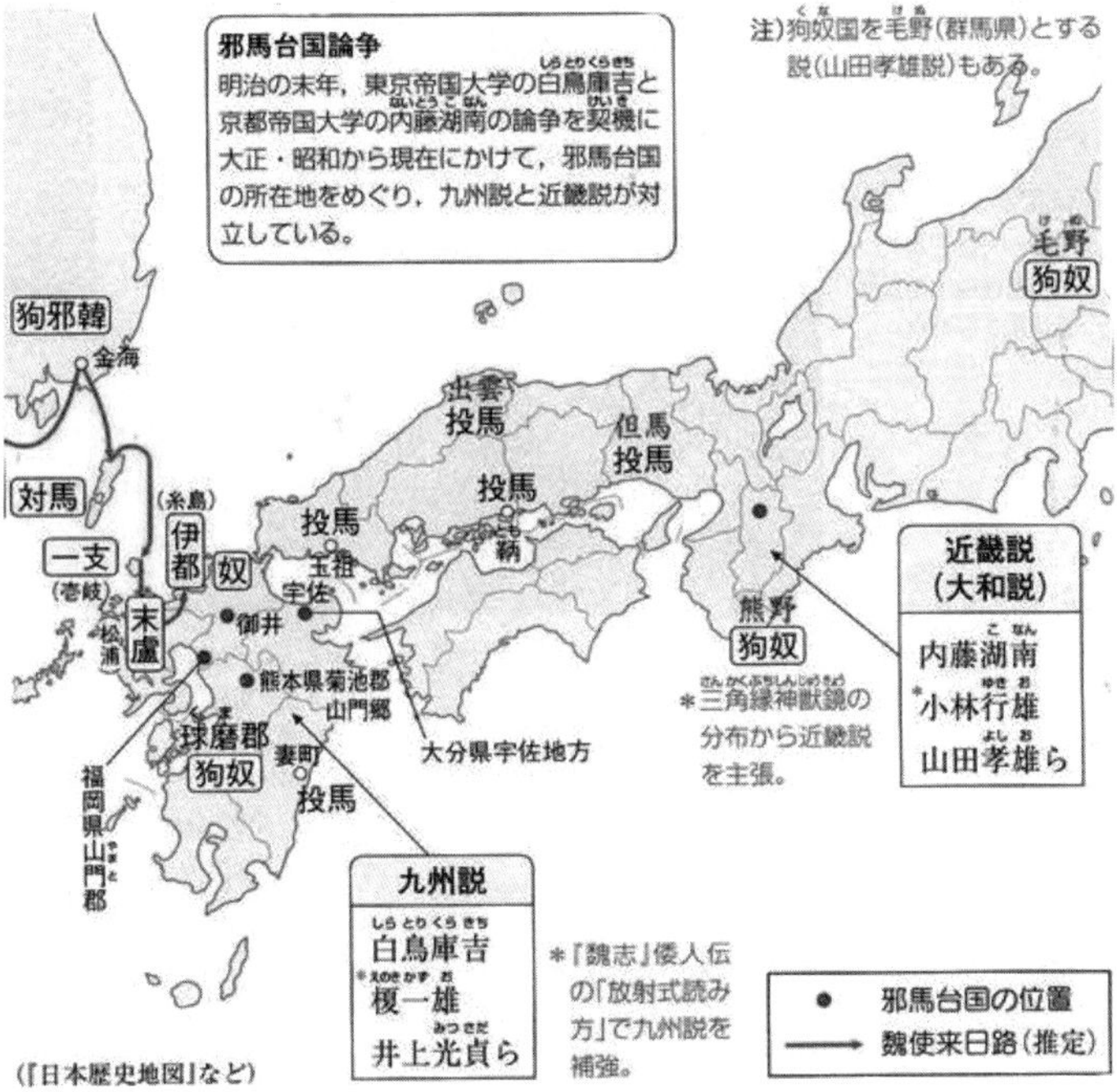

『新詳日本史図説』浜島書店、1998年、24頁

国、筑紫倭国の連合軍が、奇襲作戦で滅ぼしたのである。それで出雲大社や大神神社《おほみわじんじゃ》でお祀りして、怨霊を鎮め、国を護ってもらっているのである。それは確かに国を守るために大切だけれど、朝廷の中心の祭祀は、自らの神話における主神天之御中主神、祖先神月讀命を祭祀するところにある。つまり大物主の妻になってしまった百襲媛が実は女王だったというのは無理があるのである。

　とはいえ、突如として作られた巨大な墓なので、やはり大王の墓ではないかという解釈も無理はない。とすると百襲媛は大物主の御杖代だったという話は虚構で、本当は倭国女王だったということなのか。あるいは、朝廷の祭祀と大物主の祭祀を掛け持ちしていたということなのだろうか。

邪馬台国大和説の有力な根拠として、卑弥呼が魏からもらった鏡が百枚あるが、それが箸墓を中心に出土していることが挙げられる。確かに、二三九年（景初3年）魏の皇帝が卑弥呼に銅鏡百枚を下賜したと『魏志倭人伝』に書かれている。ところが景初三年と魏の年号を記した三角縁《さんかくぶち》神獣鏡《しんじゅうきょう》が、百枚ではなく四百枚近く出ているので、これは卑弥呼がもらったものではないという人もいる。それにその三角縁神獣鏡が肝心の中国からは出土していないという謎があり、舶来《はくらい》鏡《きょう》ではないのではという疑問もあるようである。ただし二〇〇九年に魏の都があった洛陽の骨董市で三角縁神獣鏡が売られたという報道がある。

それに改元で存在しない、景初四年という銘のある三角縁神獣鏡が二面出土しており、そこからも魏で制作されたものでないと言われている。それで呉の工人が倭国に来ていて、魏の年号入りの鏡を倭人のために作ったということらしいという説もある。つまりそれだけ魏の年号入りが重宝されたということは、魏との交流が盛んだったということなので、その鏡が大和中心に分布していることは大和説を補強するといえるだろう。

ただし魏の政権の使いが大和倭国に来ていれば、その使いは、邪馬台国が九州にあったとすれば、魏志倭人伝に筑紫倭国と大和倭国についてふれるはずである。だから魏の使いは、九州説が正しいとすれば、大和には行っていないことになる。

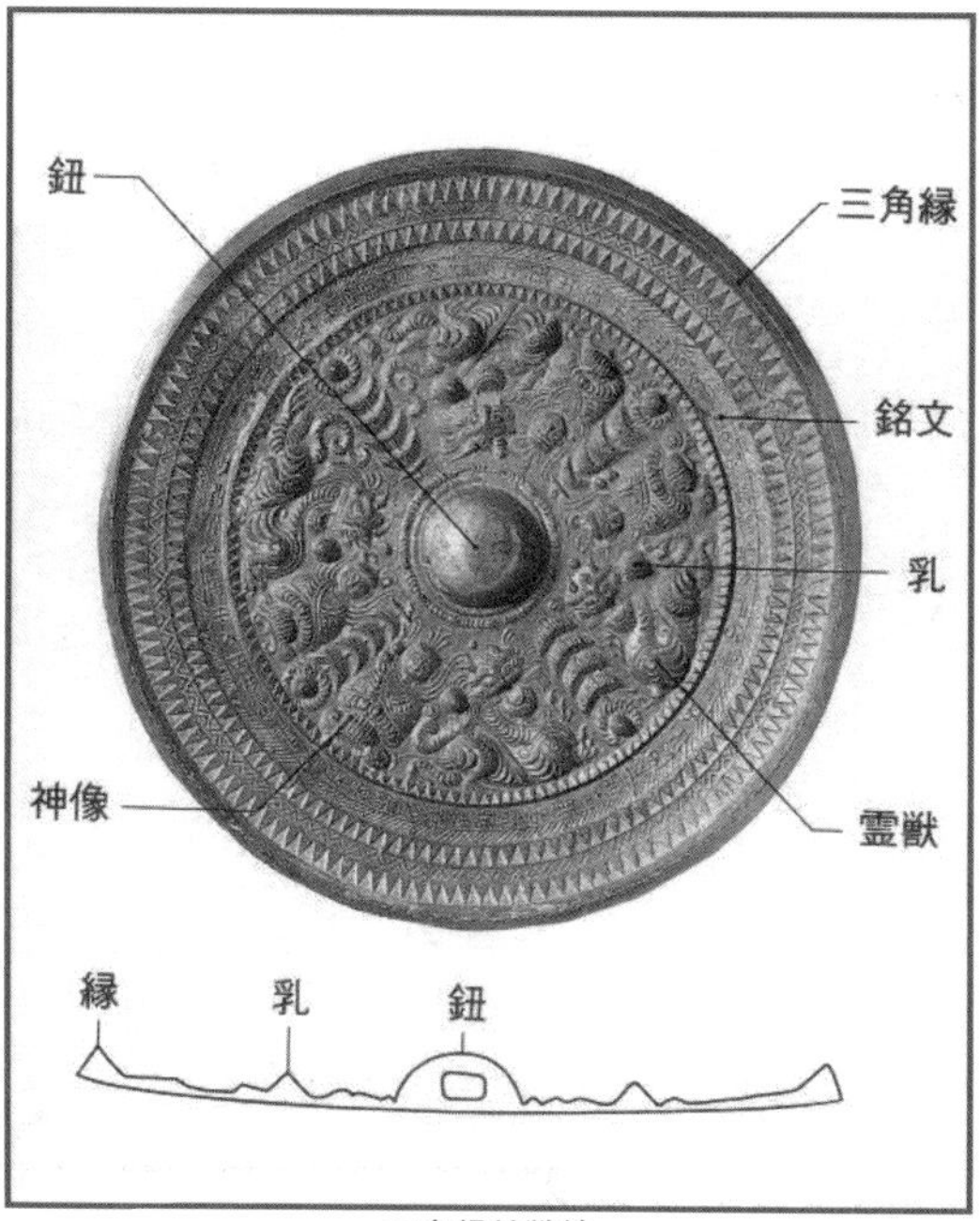

三角縁神獣鏡

4　邪馬台国九州説の可能性

筑紫より大和の勢いまされるも邪馬台国は筑紫にありしか

百襲媛の古墳が卑弥呼の死と同時期に作られたとし、大和倭国が筑紫倭国よりも強大で、魏が大和倭国と何らかの交流があったとしても、筑紫倭国に邪馬台国の支配圏が限られていた可能性は皆無ではない。

『魏志倭人伝』には倭人の国が邪馬台国の支配地域の東にもあるという認識があるので、九州説にも余地はあるのだ。もっともそれなら『魏書』に大和倭国が紹介されないのは不自然極まると言われるかもしれない。邪馬台国に派遣された人物が大和倭国にはいけなかったので書けなかったということだろう。では大和倭国に派遣された人から陳寿は取材できただろうと思われるが、何らかの事情で取材できなかったと考えるしかない。

「女王國の東、海を渡る千余里、復《ま》た國あり、皆倭種。」と『魏書』にある。一里は短里説では約七七メートルということだから、邪馬台国が大分や宮崎にあったとしたら吉備や四国に倭人の国があるということで、そこは大和倭国の支配下にあったかもしれないのである。

大和倭国よりも、筑紫倭国の方が半島情勢などを考えると、軍事的な意義は魏にとって重要だったのであまり大和倭国にまで気が回らなかったのかもしれないが、ともかく筑紫倭国に邪馬台国が限定される可能性は皆無ではない。

ただし、本書の議論と矛盾しかねないのは、筑紫倭国を邪馬台国とすると、海原倭国と高天原まで邪馬台国の領域にされていることである。対外的にはこの三国連合は一体のものととらえられていたのだろう。高天原である狗邪韓国が、三世紀の半島で生き残るためには、ますます海原倭国や筑紫倭国との連係が必要になったようだ。

高天原は、大国主命を斃した時も武御雷などの将軍を送りつけ、磐余彦東征を高倉下《たかくらじ》を通して影で支えている。高天原は倭人三国に対して宗主国的なプライドを持っていたはずである。ところが邪馬台国では中心は卑弥呼の宮殿に移っているような印象を受ける。

人口的には狗邪韓国《くやかんこく》や対馬、壱岐の比重は下がってきていたのだろう。人材も筑紫倭国や磐余彦以降の大和倭国に派遣されていたと思われる。それで高天原や海原倭国が邪馬台国の属国だという印象をあたえるほど存在感が希薄になったということかもしれない。

筑紫倭国が続いていたと仮定して、その属国として狗邪韓国や対馬国、一支国（壱岐）が捉えられていたのは、その女王卑弥呼の霊力が強いと思われていたというか、カリスマが感じられていたからだろう。だからあまり高天原や海原が口出ししなくてもよかったのだ。だが高天原や海原倭国の格が下になったかというと、それは一概に言えない。百数十年後の新羅攻めでは、筑紫にあった倭国西朝に新羅攻めを強行に決めさせているのだから。

西暦四世紀末、壱岐対馬の首長である住吉三神の要請を拒絶した帯中彦《たらしなかつひこ》（足仲彦、仲哀天皇）が呪殺されて、息長帯媛（神功皇后）が妊娠しているにも関わらず、新羅攻めに参戦して奇跡的な勝利を収めた。

ただし『好太王碑文』では、「百殘新羅舊是屬民由来朝貢而倭以辛卯年来渡海破百殘□□新羅以爲臣民以六年丙申王躬率□軍討伐殘國軍（百残・新羅もとこれ属民なり、由来朝貢す。倭は辛卯年に来りて海を渡り、百殘□□新羅を破り、以て臣民と為す。六年丙申に王みずから軍を率いて残国軍を討伐す）」と記されているので、好太王に撃退されたということになっている。それで、辛卯年のは二度目で、その数年前に息長帯媛が参戦した第一回新羅侵攻があったかもしれない。第二回のは撃退させられたこともあるにしても、倭の侵攻が成功だったというのは、その後の倭の武力が大変半島諸国から恐れられ、頼られたという事実が裏付けている。

また邪馬台国九州説の方が説得力がある素朴な理由としては文字の使用が殆どなかったという

ことがあげられる。大和纏向《まきむく》の宮殿から大八洲全体という広大な国土をまとめあげて支配できるのかということは、だれしも疑問に思うところだ。だからきちんとした上意下達の行政組織をつくり上げるのは無理で、それぞれの地方国家の君たちの連合をまとめる氏姓制度のまとめ役として大王《おほきみ》だったと言われていた。それでも文字なしで維持するのはむつかしいと思われる。

しかしながら四世紀中頃に大八洲が統合されたとしても、文字が本格的に使用されたのは仏教導入後の六世紀中頃からだった。つまり、文字なしに広域統治は無理という仮説は、歴史的事実から雄弁に反駁されているのである。その意味では大和説が有利だ。

5　卑弥呼とはだれか

卑弥呼とは大王ならずやさりとせば嫁にあらざり祟り御神の

先にも触れたが、卑弥呼が百襲媛《ももそひめ》というのが邪馬台国大和説では最有力なのだが、百襲媛は大物主の妻なので、女王にはふさわしくない。仮に崇神天皇と百襲媛が同一人物で、大王の役目も同時にしていたけれど、説話にする段階で、大物主の妻だけにしたとしてみよう。でも壱与にあたる人物は見当たらないので、百襲媛と考えるのはやはり無理だろう。ただ百襲媛の墓が時期的に見て、卑弥呼の墓らしいということは形状面では合わないとしても、邪馬台国大和説が正解ならば十分考えられる。

卑弥呼が倭媛《やまとひめ》という説もあるようだが、大帯彦の妹なので四世紀中頃で一世紀のずれがある。倭姫も百襲媛と同じで神の嫁、御杖代である。卑弥呼は「ヒメミコ」のことではないかと言われている。つまり神の御言葉を伝える巫女ということだろう。

岩下志麻演じる卑弥呼

それで卑弥呼は、天照大神の御言葉を伝える巫女として受け止められ、天照大神と同一視されがちである。卑弥呼は天照大神であるという解釈を唱える人が割に民間学者には多いのだ。『逆転の日本史』の井沢元彦、古田武彦批判の安本美典《やすもとびてん》もそうである。

卑弥呼が天照大神という場合は、現人神として考えると、卑弥呼は三世紀の人物で、天照大神は紀元前百年頃の人物である。だから天照大神と神格としては同じでも人格としては別人なわけである。

卑弥呼が天照大神であるという説は、現人神信仰を前提にしておかなくては理解できない。日本の現人神信仰では、祀る側と祀られる側が祀る儀礼によって一体化する。だから日の神天照大神は、太陽や鏡であると同時に天照大神を祀る巫女《みこ》でもあるということにもなるのだ。

だから神としては天照大神は一柱の神だが、人格としては卑弥呼になったり、息長帯媛になってもいいのである。だから卑弥呼＝天照大神だとしても、人格的には卑弥呼は饒速日神の祖母ではないし、もちろん邇邇藝命の祖母でもあり得ないのである。

もっとも本書においては、卑弥呼は筑紫倭国の女王であったとしても、大和倭国あるいは統一倭国の女王であったとしても、当時大王家の祖先神は月讀命であり、神話の主神は天之御中主神なので、卑弥呼が天照大神ではありえない。

『魏志倭人伝』には卑弥呼は鬼道に仕えていたと記されているが、太陽神の祭祀を司っていたという記述はない。

また息長帯媛も天照大神が憑依したというのは七世紀のすり替えなのである。元の説話では天之御中主神が憑依したことになっていた筈だ。

大王家は先ず、主神と大王家の祖先神を祀るのである。つまり天之御中主神と月讀命を祀らなければならない。その上で放っておくと祟る自分たちに征服された出雲倭国の大物主や元大和倭国の天照大神を大王の妹や娘が輿入れして祀っていたわけだ。そういう王女、王妹を女王と解釈するのは、本末転倒で間違いだと言えるだろう。

第九章　景行天皇の三倭国統合とヤマトタケル

1　崇神天皇、崇り神の祭祀

朝廷に崇りし神は二柱、天照らす神、大物主神

磐余彦大王（神武天皇）から十二代目が大帯彦《おほたらしひこ》忍《お》代別《しろわけ》大王、すなわち景行天皇である。その間筑紫遠征の記事は存在しない。磐余彦が樹立した政権というのは、筑紫倭国の王家の分家が大和倭国を乗っ取ったに過ぎないのである。当然のことながら筑紫倭国は継続していたことになるのである。

そこで三世紀中頃の邪馬台国は、大和説を採用すると、西日本は統合されていたことになるので、筑紫倭国は存在できないことになる。それでは矛盾するので、邪馬台国九州説の方が説明がつけやすいのだ。しかし考古学者の九割は大和説が正しいと考えているようである。大和説が正しいのなら、三世紀中頃までに統合された説話があった筈なのに、消されてしまっていることに

御間城入彦五十瓊殖尊《みまきいりひこいにえのみこと》（崇神天皇）

なるのである。

大和説が有利なのは、魏の年号が記された鏡である三角縁神獣鏡が纏向を中心に分布していること、箸墓古墳が卑弥呼の墓と同時期の墓とみられること、大和の勢力が筑紫よりも考古学的には強盛だったように見られることなどである。

それらを認めた上でも、それでも筑紫倭国は、大和倭国から独立していて、筑紫倭国を邪馬台国が支配していた可能性も考えられるだろうか。

卑弥呼の時代が磐余彦と大帯彦の間にあったとして、磐余彦から卑弥呼が一世紀、卑弥呼から大帯彦が一世紀で、約二百年間ということだろうか。大帯彦が12代なので6代で百年とすると、一代が16年から17年ということになる。最初の頃は父子相続だったことになっているので、少し短すぎるようである。

磐余彦から大雀《おほさざき》大王《おほきみ》（仁徳天皇）までは、父子相続になっているが、口誦で伝わった話なので、削られた大王だとか、架空の大王もいたかもしれない。正確とはいえないという解釈が有力である。それに父子相続は後世の理想を古い時代に当てはめたと解釈されているようなのである。磐余彦を一世紀後半ぐらいに想定した方が一代20年を超えるので現実的かもしれない。もちろん神武天皇と御間城入彦大王《みまきいりひこおほきみ》（崇神天皇）が「ハツクニシラススメラミコト」と呼ばれていたので、実は二代~九代は国の起源が古いことにするための虚構だったという解釈もある。これをほとんど内容が書かれていないので「欠史八代」と言われる。それだと磐余彦東遷は三世紀末になり、卑弥呼のほうが古いことになる。

ただし、磐余彦は東征したところに特色があり、御間城入彦大王は、大物主神を祀って祟りを鎮めたのが特色で、元々大和周辺にいたらしいので別人だと思われる。

『日本書紀』崇神天皇紀「五年、國内多疾疫、民有死亡者、且大半矣。六年、百姓流離。或有背叛。其勢難以徳治之。是以、晨興夕惕、請罪神祇。先是、天照大神・倭大國魂二神、並祭於天皇大殿之内。然畏其神勢、共住不安。故以天照大神、託豊鍬入姫命、祭於倭笠縫邑。仍立磯堅城神籬。

五年　國内に疾疫《しつえき》多くして、民、死亡《まか》れる者有りて、且大半すぎなむ。六年　百姓《おほみたから》流離《さすら》へぬ。或いは背叛《そむ》くあり。其の勢、徳を以てこれを治むこと難し。是を以て、晨《つと》に興き夕までに惕《おそ》りて、神祇に請罪《のみまつ》る。是より先、天照大神、倭大國魂《やまとおおくにたま》、二の神を、天皇の大殿の内に並祭る。然して、其の神の勢を畏れ、共に住に安からず。故、天照大神を以て、豊鍬入姫命《とよすきいりひめのみこと》に託け、倭の笠縫邑《かさぬいむら》に祭る。仍《よ》りて、磯堅城《いそかたしろ》の神籬《ひもろぎ》を立つ。」

崇神五年は西暦でいうと四世紀初めである。大帯彦（景行天皇）は御間城入彦の孫なので、四世紀中ごろに景行天皇の筑紫遠征があったとするとそうなる。崇神五年に国内で疫病がはやり大半の民が亡くなったと『日本書紀』は伝えている。そこで翌年には百姓（つまりみんなというような意味だろう）がさすらって、中には叛乱を起こすものも出て、その趨勢を大王の徳では治めることが難しくなったのだ。それで朝早く起きて、夕までに懼って、神祇に罪を請うたということである。罪を請うというのは、こんな災厄が起こるのは祀りごとにどんな間違いを犯しているのか尋ねるということであろう。

本書では朝廷の儀礼は星を祀る夜の儀礼だとしていたが、御間城入彦大王《みまきいりひこおほきみ》は日中の儀礼をしている。では本書の仮説は見事に破綻したのか？　いや、そうではない。もちろん夜の儀礼は天之御中主神や月讀命に対して行っていたが、疫病が流行るのは祟りのせいだということで、別に祟り神を祀ったのである。その祟り神が、天照大神と倭大國魂神《やまとおほくにたまのかみ》である。相手が月や星ではないので、日中に祭ったということである。『古事記』では倭大國魂神だけで天照大神は祀っていない。これを大殿の内に並べて祭ったとある。

大王は主神や大王家の祖先神を祀るべきであり、祟り神は大王の娘や妹に宥めさせるのが筋である。従って、大殿の内に祭るというのはよっぽどのことである。それだけ疫病や内乱がひどかった、まさに大和政権が崩壊の危機にあったので、大王自ら、祟り神を朝廷内に入れて談判したような必死の思いが伝わってくるのである。

記紀の大前提として天照大神は皇祖神なのだから、天照大神が祟る筈はない。しかし祟りが起こったというので祀ったのだから、祟っていないのに新たに祀るのはどうにも解せないことである。

その意味では本書の説明は分かりやすいだろう。天照大神が天降って大和・河内に太陽神の国を作ったが、その末裔《まつえい》の饒速日王国が磐余彦の東征で滅ぼされたので、天照大神は大和朝廷に対して祟り神になっているわけであるから。

それでは倭大國魂神とは何者か？　それはもちろん大物主神すなわち大国主命のことである。

ええ？　大国主命は出雲の神でしょうという反論がありそうだ。たしかに出雲国の大王だったのだが、八千矛の神となって、大八洲の統合を試みたわけで、饒速日王国を席巻し、三輪山に宮を構えてそこを中心にしていた。それで三輪山の神である大物主神が大国主命の和魂《にぎみたま》なのである。つまり両者は融け合って一体化したのである。それほど大国主命にとって、三輪山は美しくまた心安らぐ山であったのだ。それで倭大國魂神でもあるである。大国主命を奇襲作戦で斃《たお》したのが筑紫倭国から侵攻した高天原・海原・筑紫倭国の連合軍だったのだ。

磐余彦は筑紫倭国の瀰瀰藝命の曾孫であるだから、大和政権に対して大国主命は祟り神なのである。『古事記』は天照大神を祭ったという伝承をそのまま書くと天照大神が皇祖神であるというのは虚構だということが露見すると判断したのかもしれない。『日本書紀』は皇祖神の力を借りて、祟り神を抑えてもらおうとしたという解釈でいけると考えたのだろう。

ところがこの二柱の神は仲が悪い。天照大神には大国主命に対する怨みが残っているのである。大国主命の祖先である須佐之男命のせいで天照大神になっていた現人神が災害死したと思っていたり、大国主命の大和侵攻で天照の孫の饒速日一世が戦死した可能性が高いのだ。それで一緒にいるのはいやだと天照大神が巫女に憑依して言ったのだろう。それで「天照大神を以て、豊鍬入《とよすきいり》姫命《ひめのみこと》に託け、倭の笠縫邑《かさぬいむら》に祭る。」ことになったというわけである。

この時の祟りは、主に大物主神の祟りだったのである。そこで大物主神には渟名城入媛命《ぬなきいりひめのみこと》を御杖代にして祀らせたが、相性が悪かったのか、髪落ち、体がやせ細ってとても耐えられなかったのである。御杖代というのは神の花嫁だから、性的な意味で耐えられなかったのかもしれない。

翌年、八百万《やおよろず》の神々を集めて、占いでどうすればよいか尋ねた。するとまあこのへんで堪忍してやろうと思ったのか、大物主神が百襲媛に憑依して、「もし私を敬い祀るなら必ず収まるでしょう」と言ったのだ。そうしたのだが収まらない。そこで夢のお告げをしてくれるように大王は祈ると、神が夢枕に立って、「わが子大田田根子《おほたたねこ》に私を祀らせたらたちどころに収まるでしょう」という、それで探し出して、大田田根子に大物主神を祀らせたら収まったということである。

結局、百襲媛が大物主神に嫁いだのだ。ところがその正体が小さな白蛇だと分かったので、大物主神に恥をかかせたことを悔やんで、百襲媛は御陰《ほと》に箸を挿して死んでしまったので、箸墓古墳に祭られたということになっている。最近箸墓古墳が三世紀中ごろのものでないかということになり、卑弥呼の墓だという説が有力になった。すると百襲媛と卑弥呼が同一人物ということになるが、説話的には時期も地位や役割も全く違うので、その違いの理由がはっきりしないと《卑弥呼=百襲媛》説は納得できない。

大物主神の祟りは出雲出身者の子孫が大和周辺にたくさんいたということと関係が深い。彼らはいろんな差別を受けていたので、粘り強く大和政権に抵抗を続けていたのかもしれない。それで疫病の流行で混乱に陥ったのに乗じて、納税を拒否したり、乱を起こしたりしたということだろう。騒ぎを収めるためには、大物主神をきちんとまつり、出雲系の人々の地位と生活の安全を保障しなければならなかったということだと考えられる。

2　大帯彦の筑紫遠征

三倭国まとめたりしぞオオタラシ、そを打ち固めしやヤマトタケルは

「激動の四世紀」だが、大帯彦の「熊襲征伐」の話は、『古事記』にはなくて、『日本書紀』だけにあるのは大きな謎である。

大帯彦は、磐余彦以来、初めて筑紫にまでいって熊襲を征伐し、西日本統一を成し遂げたと思われるので、大英雄なのである。それに比べ、倭建命は大帯彦が成し遂げた偉業が綻んできたので、その修理をしたのである。それ自体奇跡的なことであるとしても、『古事記』では一切大帯彦の英雄伝は書いていないのだ。歴史書としては極めて片手落ちである。そうなった理由は、一つには、倭建命の英雄伝を書きたいので、大帯彦のことは、その引き立て役にしたという文学的な動機があったと想像される。かりに倭建説話の部分は柿本人麻呂の創作だという梅原猛の推理

景行天皇熊襲征伐経路図

が当たっていれば、そういうことも考えられないことはない。

それに歴史としては西日本の統一は磐余彦の東征で最初から出来ていたことにしてしまったので、大帯彦の熊襲征伐は地方の乱れを平定しただけということになっている。それなのに大軍を率いて七年間も筑紫にいたというのは、いかにも手こずった感じを受けて、大英雄にはなりえないのかもしれない。それで省いてしまったのかも、いろいろ理由づけできるが、どれも納得はいかない。

ところで熊襲が筑紫倭国を滅ぼしてしまったので、筑紫倭国を救援に行った大帯彦が熊襲を征伐することで西日本を統一したという本書の仮説にはどんな根拠があるのか。『日本書紀』の「景行天皇紀」を引用しよう。

「十二年秋七月、熊襲反之不朝貢。八月乙未朔己酉、幸筑紫。九月甲子朔戊辰、到周芳娑麼。時天皇南望之、詔群卿曰、於南方烟氣多起。必賊將在。則留之、先遣多臣-武諸木・國前臣-菟名手・物部君-夏花、令察其-。爰有女人。曰神夏磯媛。其徒衆甚多。一國之魁帥也。聆天皇之使者至、則拔磯津山之賢木、以上枝挂八握劒、中枝挂八咫鏡、下枝挂八尺瓊、亦素幡樹于船舳、參向而啓之曰、願無下兵。我之屬類、必不有違者。今將歸德矣。唯有殘賊者。一曰鼻垂。妄假名號、山谷響聚、屯結於菟狹川上。二曰耳垂。殘賊貪婪、屢略人民。是居於御木木、此云開。川上。三曰麻剥。潛聚徒黨、居於高羽川上。四曰土折猪折。隱住於緑野川上、獨恃山川之險、以多掠人民。是四人也、其所據並要害之地。故各領眷屬、爲一處之長也。皆曰、不從皇命。願急撃之。勿失。

於是、武諸木等、先誘麻剝之徒。仍賜赤衣・褌及種々奇物、兼令攜不服之三人。乃率己衆而參來。悉捕誅之。天皇遂幸筑紫、到豐前國長峽縣、興行宮而居。故號其處曰京也。

十二年秋七月、熊襲背いて朝貢《みつぎたてまつら》ず。八月乙未朔己酉《はづききのとのひつじついたちつちのとのとりのひ》筑紫に幸《いで》ます。九月《ながつき》の甲《きの》子《えね》の朔《ついたち》、戊辰に、周芳《すは》の娑麼《ざま》に到る。時に天皇、南に望みて、群卿に詔して曰はく、「南の方に、烟氣、多く起つ。必に賊《あだ》、將に在らむ。」則ちこれに留まり、先づ、多臣《おほのおみ》の祖、武諸《たけもろ》木《き》・國前臣《くにさきのおみ》の祖、菟名手《うなて》・物部君の祖、夏花《なつはな》を遣はし、其の狀を察しめる。爰《ここ》に女人有り。神夏磯媛《かむなつそひめ》と曰ふ。其の徒衆、甚多なり。一國の魁帥《ひとごのかみ》なり。天皇の使者の至るを聆きて、則ち磯津山《しつのやま》の賢木《さかき》を拔りて、以て、上枝に八握劒《やつかのつるぎ》を挂《か》け、中枝に八咫鏡《やたのかがみ》を挂け、下枝に八尺瓊《やさかに》を挂け、亦、素幡《しらはた》を船の舳《へ》に樹てて、參向《まゐむかひ》て啓して曰す。「願はくは兵をな下しそ。我の屬類、必に違く者有らじ。今、將に歸《まつろ》德ひなむ。唯、殘しき賊者有り。一を鼻垂《はなたり》と曰ふ。妄に名號を假りて、山谷に響ひ聚りて、菟狹《うさ》の川上に屯結めり。二を耳垂《みみたり》と曰ふ。殘ひ賊り、貪り婪きて、屢、人民《おほみたから》を略む。是、御木《みけ》の川上《かはかみ》に居る。三を麻剝《あさはぎ》と曰ふ。潛に徒黨を聚め、高羽《たかは》の川上に居る。四を土折猪《つちをりゐ》をり折と曰ふ。緑野《みどりの》の川上に隱れ住りて、獨、山川の險しきを恃みて、以て多に人民を掠《かす》む。是の四人や、其の據る所並に要害《ぬみ》の地。故、各、眷屬《やから》を領ひて、一處の長《おさ》と爲すなり。皆、曰く、「皇命《おほみこと》に從はじ」願はくは急にこれを擊ち、失《な》ひそ。是に、武諸木等、先づ麻剝の徒を誘る。仍りて赤き衣・褌及び種々奇しき物を賜ひて、兼ね

> て服《したが》はざる三人を擒《めし》さしむ。乃ち己が衆を率て參來り。悉に捕へて誅《ころ》す。天皇、遂に筑紫に幸《みゆき》し、豐前國《とよのみちのくちのくに》の長峽縣《ながをのあがた》に到り、行宮《かりみや》を興てて居す。故、其の處を號《なづ》けて京《みやこ》と曰ふなり。」

『日本書紀』によれば、周防で神夏磯媛が三種の神器をもって降伏している。戦わずして降伏したように書いているが、ある程度戦った上で勝ち目がないと思って、降伏し、仲間割れをした連中の情報を教えたのかもしれない。ひょっとしたらここにでてくる「上枝に八握劒を掛け、中枝に八咫鏡を掛け、下枝に八尺瓊を掛け」は、筑紫倭国から奪った「三種の神器」のことでないかと思われる。筑紫倭国が持っていたものを滅亡させた際に奪ったものではないかということである。

「三種の神器」を掲げて迎えるのは、大王を迎える儀礼だったという解釈もあるが、「三種の神器」を三貴神のシンボルだったという本書の立場からいうと、三倭国の統合後にそういう儀礼が出来たと考えるべきである。

足仲彦大王、つまり仲哀天皇が倭国西朝を建国した際に筑紫の豪族が神器を献上したのは、彼を大八洲全体の大王として認める意味をもっていたのであるが、神夏磯媛の場合は、彼女自身が熊襲の女王だったので、戦利品として筑紫倭国から奪った宝を差し出したということではないかと考えられる。

天叢雲剣《あめのむらくものつるぎ》、八咫《やた》の鏡、八尺瓊勾玉《やさかにのまがたま》の「三種の神器」を筑紫倭国が持っていたのは、次の理由から説明できる。大国主命を急襲して殺したのは、建御雷神《たけみかづちのかみ》で主に筑紫の兵力だった。その前に大国主命は大和を制圧した際に八咫の鏡を手に入れていた筈である。だから結局「三種の神器」は筑紫にあったのだ。ただし、天叢雲剣、八咫の鏡は、筑紫倭国より高天原の方が格上だった筈なので、高天原つまり狗邪韓国に献上されていたのではという疑問も生じる。それはともかく神夏磯媛が差し出したということは筑紫にあったということである。ということは、卑弥呼の時代に狗邪韓国や海原倭国は筑紫倭国の属国視されていたということなので、高天原の神々つまり現人神が筑紫倭国に移り住んで、一体化していたのかもしれない。

しかし、そんなことをしたら、高天原は弱体化してしまう。やはり半島から武器や技術、進んだ文化を吸収しなければならないので、高天原を捨てるようなことはできなかったとも考えられる。

とはいえ、熊襲の勢力が強くて筑紫倭国の形勢が芳しくないというのは『魏志倭人伝』からも感じられる。卑弥呼の死にショックを受けて、高天原から重要な神々が遷られてなんとか守っていたけれど、とうとう四世紀になって熊襲たちに駆逐されてしまったと想像されるのである。

其八年太守王祈到官倭女王卑彌呼與狗奴國男王卑彌弓呼素不和遣倭載斯烏越等詣郡説相攻撃状遣塞曹掾史張政等因斎詔書黄幢拝假難升米爲檄告喩之

卑彌呼以死大作冢徑百餘歩徇葬者奴婢百餘人更立男王國中不服更相誅殺當時殺千餘人復立卑彌呼宗女壹与年十三爲王國中遂定

その八年（正始八年二四七年）、太守王頎《おうき》官に到る。倭の女王卑弥呼、狗奴國《くなこく》の男王卑弥弓呼《ひみくこ》と素より和せず。倭の載斯烏越《さいしうえつ》等を遣わして郡に詣《いた》り、相攻撃する状を説く。塞曹掾史《さいそうえんし》の張政等を遣わし、因って詔書・黄幢《こうどう》をもたらし、難升米《なんしょうまい》に拝仮せしめ、檄をつくりてこれを告喩す。

卑彌呼以死大作冢徑百餘歩徇葬者奴婢百餘人更立男王國中不服更相誅殺當時殺千餘人復立卑彌呼宗女壹与年十三爲王國中遂定

卑弥呼以て死す。大いにチョウを作る。径百余歩、徇葬する者、奴婢百余人。更に男王を立てしも、國中服せず。更に相誅殺して當時千餘人を殺す。復た卑彌呼《ひみこ》の宗女壹与《いよ》年十三を立て國中に王と爲す。遂に定まる。

しかし、高天原や海原倭国に支援されていた筑紫倭国を駆逐したにしては、熊襲たちはすぐ仲間を裏切るし、大和からやってきた遠征軍を撃退しきれない。やはり大和からの遠征軍は軍略においてかなり上手《うわて》だったのかもしれない。

神夏磯媛がどうして仲間を裏切ることになったのだろう。これは私の勝手な推量だが、大帯彦大王は、戦いで捕虜にした神夏磯媛を使って、自ら投降して、仲間を裏切ったように偽装し、仲間同士で疑心暗鬼に陥らせたのかもしれない。それぐらいやりかねないと思うのは、熊襲の首領を殺すのに、娘と内通して酒に泥酔させてから討取るという小碓皇子と似たり寄ったりの謀略を使っているからだ。

筑紫倭国という共通の敵を倒す時には一致団結して戦えても、いざ自分たちの国家を立ち上げるとなると、だれが王になるかを巡って熾烈な仲間割れになってしまったようだ。そこにやってきた大帯彦（景行天皇）に謀略で嵌められてしまったというのが事の真相ではないか。

それに親密な同盟国である筑紫倭国を奪われた海原倭国の倭寇たちは、守りより襲撃が得意である。津と呼ばれた港町を攻撃したのだろう。もちろん熊襲の抵抗も激しく、大帯彦は筑紫から七年間も出られなかったのである。

ところで筑紫に物部氏が多いのは、どう解釈すればいいのだろう。大帯彦の筑紫制圧に同行した主力だったということだろうか。これは大きな研究課題になるかもしれない。谷川健一著『白鳥伝説』によると、物部氏は、琵琶湖東北の余呉湖の周辺にいて、白鳥を祖先にしていたという伝承がある。後に河内湖周辺に移り住んだとされている。本書の仮説では、物部氏は、天照大御神を貴人《まれびと》の太陽神として迎え、太陽神の国を建国したのである。

物部氏は、磐余彦東征までは大和・河内倭国では饒速日王国を作っていて、磐余彦に屈服させられたわけである。その後の大和政権では、軍事において大いに貢献しただけでなく、朝廷ができない太陽神の祭祀を補完していたのだ。

元々、筑紫にも物部氏がいたのか、それとも大帯彦の筑紫制圧を機に筑紫物部氏が形成されたのか、古代史像はそのいずれかで大いに変わってくる。本書の仮説では、筑紫倭国は月讀命を大王家の祖先神にしていたということだが、やはり筑紫でも農業もさかんなので、太陽神信仰も必要だっただろう。それで物部氏が太陽神信仰を持ち込んでいたかもしれない。あるいは、熊襲勢力が太陽神信仰で筑紫倭国に対抗していたので、物部氏が筑紫倭国の太陽神信仰を補完していたとも考えられる。そういう空想はきりがない。何しろ倭国や熊襲、蝦夷は文字を使用していなかったので、確たる証拠が残っていないのである。

邪馬台国の時代には魏の使いが来ているのだから、既に半島から倭人以外の渡来人も来て、大陸の漢字文化を伝えている筈である。どうして倭人や熊襲、蝦夷は漢字を使用しようとしなかったのだろうか？

それは恐らく文字への恐れだろう。特に漢字は表意文字で意味が字の中にあるから、呪われた感じがして怖かったのではないだろうか。倭人は言霊《ことだま》信仰が強いので、よけいに漢字を恐れたと考えられる。

しかし漢字を恐れたら、逆に為政者は漢字を使って支配しようとするはずだ。もっとも神代文字とも秀真《ほつま》文字とも言われる文字があったという説もあるが、室町時代以降の偽造だと言われている。その根拠が母音の数が古代の母音の数に合わないということらしい。それで後世の偽作だという説が有力である。天照大神男神説などはホツマ文学の世界では通説になる。室町時代のものだからといって、その内容が古い伝承に基づいていないとは限らない。

3　ヤマトタケル説話を巡って

父と子にいと纏《もつ》れたる思いあり、歌詠み人はそを見逃さず

私は、梅原猛研究にはまって、倭建についてては『長編哲学ファンタジー　ヤマトタケルの大冒険』を書いているが、倭建というのは実在の人物なのだろうか？

大帯彦も含め、『古事記』の登場人物は歴史説話の世界に生きている。説話的には実在したとして扱われているのだ。とはいえ歴史的に実在したかどうか検証可能な人物ではない。ただし、昔の人がいたといって素晴らしい英雄伝を書いてくれているのだから、いたとしたら実際はどうだったたか、議論したらよいのじゃないかということである。

『古事記』と『日本書紀』では大帯彦の倭建に対する態度がまるで違う。『古事記』では倭建を危ない目に合わせてクマソや蝦夷に殺させようとしているようだが、『日本書紀』ではきっちり軍隊をつけて将軍として征伐に赴かせている。そして倭建の偉業を偲ぶ旅に出ている。ヒーローの父としてなんと理想的な父親であることとか。

『古事記』では大王家の矛盾が描かれている。生前譲位がなかったので、息子が密かに毒を

もったり、息子を危険な職務につけたりして殺し合うという醜い姿が垣間見られるのである。それでなかなか見ごたえのある人間ドラマになっている。『日本書紀』は父と子の葛藤がないので、親子二代の英雄伝で大和政権の列島支配の確立を描いているわけである。

ついでに言及すると、双子の兄大碓皇子の扱いが違う。『古事記』では小碓皇子に殺されているが、『日本書紀』では殺されていない。そして蝦夷征伐に行けと言われて怖気づいて逃げたので地方官にされているのである。

親子・兄弟の葛藤があって、征伐に行かされるというのと、クマソや蝦夷が背いたから討伐軍に派遣されるというのではかなりちがいがある。

『古事記』では権力内部の葛藤を抱えて、反乱を抑えに行く。つまり抑えに行く皇子自身がしいたげられた立場にもあるわけだ。そして自分はクマソや蝦夷に殺されるのだけど、そうさせるのは父帝であるということで、厭戦の気持ちを孕んでいるのである。その矛盾があって、「吾妻はや」と号泣したり、嬢子の床の辺に剣を置いてきたり、死んで戦士が白鳥になったりしたのである。梅原猛の戯曲『ヤマトタケル』はその哀しみをきっちり描いたので、人間ドラマとして成功したのだ。

兵士が白鳥になるところに平和へのメッセージがあるのだが、歴史的みれば、大帯彦と倭建《やまとたける》の葛藤という図式が、次世代の倭建の異腹の弟若帯彦（成務天皇）と倭建の皇子足仲彦（仲哀天皇）の倭国分裂の下敷きになっているのである。

せっかく大帯彦、倭建の二代で列島統一を成し遂げたと思ったらさっそく分裂である。しかしこの統合倭国の東西分裂仮説は、どうやら私のユニークな仮説であり、まだ支持する人は出ていないのではないだろうか？

第十章　倭国の東西分裂と神功皇后伝説

1　年齢の矛盾

父隠れ三十年《みととせ》すぎて生まれたるあらわならずや東西分裂

　私は、梅原猛研究をしていて、『評伝　梅原猛―哀しみのパトス』と『梅原猛　聖徳太子の夢―スーパー歌舞伎・狂言の世界』の二冊をミネルヴァ書房から上梓《じょうし》している。スーパー歌舞伎の戯曲を書くというのはどういうものかということが分からないと、梅原猛を論じることは出来ないと考えて、梅原猛作『ヤマトタケル』の続編のつもりで『天翔ける夢―オキナガタラシヒメ物語』を書いてみたのだ。

　その際に、気づいたのが倭国の東西分裂である。それは年齢の矛盾から気づいたのだ。『日本書紀』の記述をたどると、倭建《やまとたける》（小碓皇子《おうすのみこ》）が亡くなったのは景行43年だった。景行60年に天皇崩御《ほうぎょ》なので、景行天皇（大帯彦）は存命だったのだ。景行天皇没後成務天皇（若帯彦《わかたらしひこ》）が即位した。

成務即位48年に帯中彦が31歳なので、成務即位後17年で足仲彦《たらしなかつひこ》誕生である。

（念の為に補足するが『日本書紀』は大和政権の大王を天皇と書いているが、もちろん天皇ではなく、大王《おほきみ》である。大王は天皇の祖先だから天皇と呼んでよいのなら、猿は人間の祖先だから猿を人間と呼んでよいことになってしまう。それから『古事記』では彦を「日子」と記すが、それは太陽神の子として印象づけるための七世紀からの粉飾である。）

確かに小碓皇子没後34年で彼の皇子である帯中彦（後の仲哀天皇）が誕生したことになっているのは矛盾である。帯中彦は次のように述べている。

「詔、朕未逮于弱冠、而父王既崩之。乃神靈化白鳥而上天。

群臣に詔してのりたまはく『朕未《われいま》だ弱冠《かうぶり》におよばずして、父王既に崩《かむさ》りましぬ。すなはち神霊、白鳥になりて天《あめ》に上ります』と。」

つまり「自分が二十歳にならぬ時に父は亡くなっていた」とあり、父との年齢差は、父が30歳で亡くなったと言われているだから、10歳ちょっとしかないことになるのだ。一方小碓皇子と若帯彦の年齢差は9歳しかないので、若帯彦と帯中彦の年齢差は数歳しかないのである。

2　倭国の東西分裂

大王に謀反の疑いかけられて、タラシナカツは筑紫に逃れぬ

本当は同じ世代なのに一世代ずらして二人の即位期間が重ならないように調整したと疑って当然ではないのか、ということは若帯彦（成務）は志賀高穴穂宮で、帯中彦（仲哀）は長門《ながと》豊浦宮《とゆらのみや》、筑紫香椎宮《かしいのみや》で天下に号令していたことになるだろう。それで倭国東朝（大和政権）に対して筑紫勢力に擁立された倭建の息子が倭国西朝（筑紫政権）を建てて対抗していたのではないかと推理したのである。

この推理は別に高等数学を使ったわけではない、足し算、引き算の範囲であり、お世辞でも名推理といえるものではない。しかしその結論は、非常に歴史的に重大な事態を炙りだしているのだ。

大帯彦（景行天皇）が倭人三国の統合を成し遂げたばかりなのに、息子の時代に大分裂を起こしているのだ。この大事件は完全に歴史から葬り去られていた。大帯彦の統一さえ気づかない歴史家たちなので、その息子の時代の大分裂にも気づかない筈である。

もっとも東西二朝に分裂していたことを実証できるのかと言われれば、これはあくまでも説話の世界であり、説話内の矛盾から炙りだされたものでしかない。当時の文字史料は皆無に近い以

上、科学的な実証は無理な注文である。それなら東西二朝に分裂していたという仮説で了解しておくということは無意味なのか？　記紀から与えられる歴史像を修正して、より納得いく歴史像を形成しておくということは極めて大切なことではないかと思うがどうだろう。

つまりこれまで歴史研究家たちは、記紀は神話だから、科学的な証明にはならないということで、どうせ矛盾だらけだから、その矛盾を衝いて、元の姿を復元しても、それを歴史的事実とは言えないと考えて、真剣に読まなかったのではないだろうかと私には思えるのだ。

私は神話をこねまわして、科学的な歴史的事実を確定できるといっているのではない。説話から元の説話を導いて、それらを材料に古代史像を再構成すれば、それは科学的な歴史ではなくても、歴史物語としてより歴史の原像に近づいた歴史物語が見えてくる、それが文字のない時代の歴史を見る《歴史知のメガネ》ではないかというのである。

実際、磐余彦から大帯彦の間に筑紫遠征がなかったので、統一倭国はできていないことが推量され、邪馬台国大和説には無理があるということを説話からは言える。百襲媛や倭媛の墓を卑弥呼の墓に比定するのも、彼女たちは大王ではなく、祟り神の御杖代でしかないので説話的には無理である。

これらの歴史知的な見解は、前方後円墳の分布や、三角縁神獣鏡などの考古学的な科学知から大和説を確定しようとするのに対して、大きな疑問符を投げかけることができる。歴史知だからといって、馬鹿にできない筈である。

この倭国の東西分裂仮説に基づくと、『古事記』が景行天皇と倭建の父子の相克を描いたのはそれぞれの息子の世代の倭国分裂につながる布石になっていることが分かる。じゃあどうして生年をずらしてまでして隠蔽したのか。

それは謎であるが、東西分裂が事実なら、一応正統である倭国東朝が倒されたことになる。それも英雄視している倭建の息子の嫁（息長帯比売命）にやられたのだ。彼女と息子の誉田別命《ほむだわけのみこと》が河内王朝の基礎を固めたのだし、奈良時代である記紀成立時の朝廷にとって確実に祖先だと言えるのは誉田別命までなので、誉田別大王の正統性を疵付けるようなことはしたくなかったのではないだろうか。

3　東西分裂の原因

君たちを縦の序列に組み替えて、スメロギの威を強よめんとす

では東西分裂の原因は一体何であったのか、検討しよう。建内宿禰《たけのうちのすくね》が稚足彦大王（成務天皇）と同年に生まれていて、かなり仕切っていたようである。成務天皇の時代に国に国造、郡に郡長、県邑に稲置という長を定めて、豪族たちを縦組織に序列化しようとする大改革を行ったと『日本書紀』にある。

四年春二月丙寅朔、詔之曰、我先皇大足彦天皇、聰明神武、膺籙受圖。洽天順人、撥賊反正。德侔覆燾。道協造化。是以、普天率土、莫不王臣。稟氣懷靈、何非得處。今朕嗣踐寶祚。夙夜兢惕。然黎元蠢爾、不悛野心。是國郡無君長、縣邑無首渠者焉。自今以後、國郡立長、縣邑置首。取當國之幹了者、任其國郡之首長。是爲中區之蕃屏也。

五年秋九月、令諸國、以國郡立造長、縣邑置稻置。並賜楯矛以爲表。

四年の春二月の丙寅の朔《ついたち》に、詔して曰はく、「我が先皇大足彦天皇、聡明《さとく》神武《たけ》くして、籙《つぎて》に膺《あた》り図《しるし》を受けたまへり。天に洽《かな》ひ人に順ひて、賊を撥ひ正に反りたまふ。徳《めぐみ》、おほひのするにひとし。道、造化に協ふ。是を以て、普天率土《あめのした》、王臣《したが》はずといふこと莫し。凛気懐霊《よろずのもの》、何《いずれ》か得処《ところえ》ざらむ。今朕嗣ぎて宝祚《あまつひつぎ》を践《し》れり。夙に夜に兢《わなな》き惕《おそ》る。然るに黎元《おほみたから》、むくめくむしのごとくにして野心《あらきこころ》を悛《あらため》ず。これ国郡《くにこほり》に君長《ひとごのかみ》なく、県邑《あがたむら》に首渠《おびと》なければなり。今より以後、国郡に長《おさ》を立て、県邑に首《おびと》を置く。すなはち当たれる国の幹了《おさおさ》しき者を取りて、その国郡の首長《ひとごのかみ》に任《まけ》よ。これ中区《うつしく》の蕃屏《かくし》とならむ。五年秋九月、諸国に令《のりごと》して、国郡に造長《みやつこおさ》をたて、県邑に稲置《いなぎ》を置《た》つ。並びに盾矛《たてほこ》を賜ひて表《しるし》となす。

大王は「君の中の君」つまり、君主連合の長のようなものであり、地方豪族が争わないように調整することで、君臨していたから、上から君たちを序列化して、大王の従わせようとすれば、大混乱が起るのは避けられない。大王は初めは推進派だったのだけれど、孤立を恐れて、建内宿禰に責任を押し付けようとしたのであろう。

それで関係がこじれ、建内のクーデターを警戒した大王は、建内が帯中彦を擁立しようとしているという嫌疑をかけて、ふたりとも捕まえて殺そうとしたと想像される。そこで筑紫勢力を頼って逃亡したというのが事のいきさつではなかったかと類推される。

二年春正月甲寅朔甲子、立氣長足姫尊爲皇后。先是、娶叔父彦人大兄之女大中姫爲妃。生卽坂皇子・忍熊皇子。次娶來熊田造・大酒主之女弟媛、生譽屋別皇子。二月癸未朔戊子、幸角鹿。興行宮而居之。是謂笥飯宮。**卽**月、定淡路屯倉。三月癸丑朔丁卯、天皇巡狩南國。於是、留皇后及百寮、而從駕二三卿大夫及官人數百、而輕行之。至紀伊國、而居于德勒津宮。當是時、熊襲叛之不朝貢。天皇、於是、將討熊襲國。則自德勒津發之、浮海而幸穴門。日、使遣角鹿、勅皇后曰、便從其津發之、逢於穴門

二年春正月甲寅《きのえとら》朔《ついたち》甲子《きのえね》、氣長足姫尊《おきながたらしひめのみこと》を立て、皇后《おほきさき》と爲《な》す。これより先に、叔父《おじ》彦人《ひこひと》大兄《おほえ》の女《むすめ》大中姫《おほなかひめ》を娶《めと》りて妃《きさき》と爲す。卽坂《かごさかの》皇子《みこ》・忍熊《おしくまの》皇子《みこ》を生む。次に來熊田《くくまたの》造《みやつこ》のおや大《おほ》酒主《さかぬし》の女《むすめ》弟媛《おとひめ》を娶り、譽屋別《ほむやわけの》皇子《みこ》を生む。二月癸未《みずのと》朔《ついたち》戊子《つちのえ》に、角鹿《つぬが》に幸《みゆき》す。即《すなはち》、行宮《かりのみや》を興してこれに居る。是を笥飯宮《けひのみや》と謂ふ。卽月《そのつき》に、淡路屯倉を定む。三月癸《みずの》と丑朔丁卯《ひのとう》、天皇《すめろぎ》南國を巡狩《じゅんしゅ》す。ここに、皇后及百寮を留め、從ひ駕す二三卿大夫《まへつきみたち》及官人《つかさひと》數百にて輕《かろ》く行《いで》ます。紀伊國に至り、德勒津宮《ところつのみや》に居ましに、當《まさ》に是時に、熊襲叛きて朝貢《みつぎ》せず。天皇、

ここに、将に熊襲國を討たむと、則ち徳勒津より發《た》ちて、浮海《うかい》て穴門《あなと》に幸す。即日《そのひ》に、使を角鹿に遣し、皇后に勅して曰く、便《すなは》ちその津より發ちて穴門で逢むと

『日本書紀』では仲哀天皇は即位の翌年敦賀の気比の宮に行宮を建てて住んでいるが、息長帯比売命を気比に残し、翌月には紀州に向かっている。それから熊襲退治だといって筑紫に向かったとしている。そしてあとから息長帯比売命を筑紫に呼び寄せているのだ。これは実は成務天皇とトラブルになって畿内に居られなくなった事態を表現しているのではないだろうか。

もし大王として大和政権を率いていたのなら、敦賀や気比や紀州の徳勒津などの辺境にいて号令を下すのは不自然である。滋賀県北部から敦賀や丹波地方は息長氏や天之日矛などの渡来人の拠点で、息長帯比売命の縁故を頼ってひとまず北陸に逃れた。それは地理的にみて海原倭国と交易があったところで、紀州にも海原倭国とのつながりが感じられる。彼らが筑紫の倭人たちに働きかけて、倭建の息子を担いで倭国西朝を立ち上げるように働きかけたのかもしれない。

大和政権が筑紫を支配するということは、高天原や海原倭国にしたら、利権を侵害されるようなことでもあっただろう。そこで何らかの形で筑紫倭国を再建させて、筑紫倭国をコントロールするという昔の形に戻したかったわけだろう。しかし当の帯中彦や息長帯比売命にすれば、高穴穂政権を倒して大和に凱旋するのが目的である。

4　熊襲か新羅か、いずれを討つか

熊襲すら抑えがたきに海渡り新羅の国を討てはうつけか

ところがいざ筑紫にいくと、熊襲の抵抗に手こずり、とても高穴穂政権を倒す方まで手が回らなかった。そこで息長帯比売命は、熊襲を討つのは、山だらけでゲリラ戦にうってつけの筑紫ではとても無理なので、熊襲とは手を結び、宝の山である新羅を討って、軍備を整えて大和攻めを考えたらどうかと、神がかりになったときに帯中彦大王に命じたわけである。

ところが大王は山に登って西方を見ても新羅なんか見えないといって相手にしない。新羅が西方にあるのは北陸から見てのことなのである。息長帯比売命は、新羅の王子だった天之日矛の血統だったので自分には新羅を領有する権利があると勘違いしていたかもしれない。

息長帯媛にすれば、熊襲に手を焼いている状態では、半島の新羅を攻略するなんてできっこないと思えたのである。しかし、帯仲彦大王は熊襲と手を結べと言われても、新羅攻めしているときに留守を襲われるかもしれないと、熊襲が信用できなかったのである。それに新羅攻めはどうも高天原や海原倭国の要請だから、他国のために自国を滅亡させかねない、そんな危ない橋は渡りたくないと思ったのだろう。

新羅攻めの主体をいわゆる「神功皇后の新羅侵攻」というイメージが強すぎて、神功皇后中心に捉えがちだが、半島情勢から見ると、新羅や百済が膨張して、高天原である任那・加羅が危うくなってきているので、ここらで倭国連合の総力をあげて新羅を攻略しておくべきだということである。だから任那・加羅、壱岐・対馬が中心で、倭国西朝に参戦を求めに来ていたと考えられる。ところが帯中彦大王は海戦など経験ないし、相手にしたくなかったのである。

つまり帯中彦大王には、倭国連合という意識が欠けていたのだ。壱岐・対馬の首領だった住吉大神にすれば、大国主命を倒したり、磐余彦東征を支援した倭国連合を無視するのは許されない裏切り行為なのである。住吉大神が怒って、そのせいで帯中彦大王が死んでしまったと『住吉大社神代記』には書いてあるのである。

5 神功皇后に憑依した神

比売《ひめ》神に降りたまひし神の御名そこに謎解く鍵のあるらむ

本書の中で最もインスピレーションを感じたのが、この神功皇后に憑依《ひょうい》した神はだれかということである。

『古事記』では「今如此言教之大神者、欲知其御名、答詔、是天照大神之御心者。亦底筒男、中筒男、上筒男、三柱大神者也。（今此の言のごとく之を教へたまひし大神は、その御名を知らむと欲《おも》ふ。すなはち答へのりたまはく、これは天照大御神の御心なり、また底筒男《そこつつのお》、中筒男《なかつつのお》、上筒男《うはつつのお》、三柱の大神なり。）」と述べられている。天照大神がメインで、住吉大神も憑依している。

ところが天照大神の憑依は怪しいのだ。新羅攻めの成功を感謝して住吉大社が後に創建されたのである。創建したのが神功皇后なので祀られる神は天照大神と住吉大神の筈だが、天照大神は祀られず、祀る神である神功皇后が祀られている。

住吉大社本宮配置画像
第一本宮─底筒之男命　第二本宮─中筒之男命
第三本宮─表筒之男命　第四本宮─神功皇后

そのわけは、天照大神は伊勢神宮以外は祀ってはいけないということになって、外したのではないかという人もいるようだが、典拠は曖昧な俗説である。古い神社で「天照」が祀られている場合、そのほとんどが饒速日神であるが、それは物部氏の祭祀が饒速日神に限定させられていたからである。住吉大社を創建したのは息長帯媛であり禰宜は津守氏なので天照大神を祭祀できないはずはないのだ。

神功皇后と縁が深いので後世になって神功皇后も祀ったのではないかという質問もでたが、それなら本宮ではなく、別棟に祀る筈である。

住吉大社の禰宜《ねぎ》の津守氏は神功皇后と上筒之男命が懇

ろだったので、本人が傍にいたいと言っていたから本殿に祀ったと言っている。しかしもし天照大神が憑依したのに祀らなかったり、祀っていたのに、外したりしたら、天照大神は高天原の主神ということになっているから、とんでもない瀆神《とくしん》行為とされ、許されなかっただろう。だから元々天照大神が憑依したという話は眉唾で、別の神が憑依したという伝承だったのである。それでその神を祀っていたけれど、話が七世紀になって改作されて、その神を外して天照大神に差し替えるように朝廷に要求されて、住吉大社は、困ってしまったのではないだろうか。

その神というのがおそらく天之御中主神だと思われる。高天原の主神は元々天之御中主神だったけれど、七世紀になって天照大神に差し替えられた、それで天之御中主神は隠れてしまっているということになっているので、憑依したというのはまずいわけである。

でも大王家で勝手に話を変えられても、住吉大社としては言われたとおり差し替えれば、天之御中主神の祟りが恐ろしいのだ。かと言って差し替えなければ記紀がインチキということになるので、朝廷の怒りが恐ろしい。それでギリギリの妥協で、神功皇后を祀ることにしたのであろう。新羅侵攻の頃大王家が祀っていた主神は天之御中主神であり、祖先神は月讀命であった。憑依《ひょうい》したのは月讀命だった可能性もあるが、恐らく天之御中主神であろう。なぜなら高天原の危機があって、新羅を討つべしということなので、ここは高天原の主神である天御中主神の出番なのだ。

では海の神である住吉大神が登場したのはどうしてなのか？

住吉三神は、オリオン座の三連星のことなのである。北極星とオリオン星で方位を示していて、砂漠の民や海運・水産の海の民の信仰を集めていたのである。

それにオリオン三連星は壱岐・対馬を象徴していたのである。北から任那・対馬・壱岐・筑紫北岸でオリオン星座を構成する。だから壱岐・対馬にとっては任那と筑紫はどちらも失ってはオリオン星座でなくなってしまうわけで、筑紫が新羅攻めに参戦しないのは許せなかったのである。実際に新羅攻めを指揮したのは住吉三神を自称した壱岐・対馬の首領たちで、彼らは自分たちをオリオン三連星だと思い込んでいたのである。

『古事記』の記述では、天照大神は御心になっているのに、住吉三神の方はなっていない。その理由は、天照大神は御心なので、人間になって姿を現してはいないのだ。住吉三神は現人神で実際に、壱岐・対馬の首長が住吉三神として乗り込んできたのであろう。それは『住吉大社神代記』を読めば分かることだ。

『住吉大社神代記』で衝撃的で、吾が目を疑うのは、住吉三神の意向を無視した仲哀天皇が呪殺された日に、神功皇后と表筒之男命《うはつつのおのみこと》が密事を行った、つまり男女の交わりをしたということである。

「汝王如是不信、必不得其國。唯今皇后懐妊之子、蓋有得矣。」是夜，天皇忽病發以崩。於是皇后與大神有密事。【俗曰、夫婦之密事通。】」

「汝、王、このごとく信ぜずんば、必ずその国を得ず。ただ今皇后《おほきさき》の孕める子、蓋《けだ》し得ん

か」この夜、天皇《すめろぎ》たちまちに病をおこし、以て崩ず。ここに皇后《おほきさき》と大神密事有り。【俗にいう、夫婦の密事の通り。】

これは参戦の誓いという意味もあったのだろうが、呪殺された夫の遺体の前でとは書いていないものの、直後に夫の仇と関係してしまうというのはたまげてしまう。

『古事記』の表現だと「一道《ひとみち》に向かひたまへ（死んでしまえ）」と言ったのは、天照大神（実は天之御中主神）が憑依した神功皇后自身である。だから二人は気持がぴったりで意気投合して関係までしてしまったようなのだ。

誉田別命つまり応神天皇の実父はだれかという疑惑で、表筒之男命は神だから神功皇后とセックスできないだろうから、武内宿祢ではないかという人がいるが、表筒之男命は現人神として乗り込んできたので、セックスはできるのである。

これを知ったのか、中世に書かれた宗像大社（辺津宮、中津宮、沖津宮）の『宗像大菩薩御縁起』には宗像女神の子が住吉大神で、住吉の子が宇佐つまりホムダワケ（応神天皇）だとある。記紀では住吉三神は表筒之男、中筒之男、底筒之男のことで、イザナギが黄泉の穢れを洗い流した際に生まれているので、宗像女神の子ではない。

この時代はまだ格としては高天原や海原の方が、倭国西朝より上だったということが窺える。でないということを聞かないから呪殺することは考えられないだろう。

この話ももちろん伝承なのから、どこまで史実の反映かは分からない。でもちょうどこの時期に高句麗好太王碑文では倭による新羅侵攻があったようだから、膨らんだお腹を抱えて、息長帯媛が倭国西朝を率いて参戦した可能性は大いにあるだろう。

6　新羅攻めの成功と倭国再統合

大津波押し寄するごと新羅呑む返す波にて高穴穂消ゆ

息長帯媛の息子の誉田別《ほむだわけ》が応神天皇となるのは五世紀なので、三九一年が最初の侵攻か二度目の侵攻であろう。韓国・朝鮮の学者はまだ倭国は文字も使用されていない未開国なので、半島に侵攻する力はなかったと見ている。しかし彼らは近代の日本列島から朝鮮半島に侵攻していく図式で捉えているのだ。それは記紀をよく読みもしないで、事態を全く逆さまに捉えているのである。

元々倭人たちの本拠は高天原（任那・加羅）であって、そこから海原（対馬・壱岐）に進出し、さらに大八洲に倭人三国を建国したのである。海原倭国は半島南端から筑紫北岸にかけての日本海に面する津の連合体のようなもので、これが海運をかなりの部分仕切っていたので、倭人が大八洲の開発で優位にたっていたのだ。その力をバックに新羅・百済に対して軍事的には強かったのではないだろうか。

当然新羅攻めは海からだけでなく、加羅からも潜入しただろう。筑紫や大和からだけ攻めていくと考えたら、なかなか新羅攻めは大変だが、軍船も加羅でも作ったかもしれない。倭人が海運や海戦で圧倒できたのは、造船技術に秀でていたからだと思われる。

饒速日命が河内に天降りした際に、天磐舟に乗ってきたと言われるが、もちろん磐で出来た舟で空を飛んできたのではない。日本海は荒れるので、重心が高いとすぐに転覆するのである。それで大きい石を船底に敷き詰めて安定性を高めたのだ。しかしそうすると、浸水した時に沈没しやすくなるので、そうとう密閉性の高い高度な造船技術が必要であった。

新羅攻めの成功で、勢いに乗って大和攻めをして倭国統合を果たしてしまったのだろうか？実際の歴史はどうだったかは分からない。なにしろ記紀では倭国東朝との戦争は書かれていないのだから。むしろ仲哀天皇の皇位の継承争いについて書かれている。ということはその前に倭国東朝が崩壊したのではないだろうか？

建内宿禰の勢力、息長宿禰の勢力などが、潜伏して破壊工作をしただろうし、東朝の権力機構内部に浸透して、奪権闘争を展開していただろう。それで香坂王《かごさかおう》と忍熊王《おしくまおう》という仲哀天皇の息子たちが、追討軍をおびきだして、壊滅させたら、そこに成務天皇もいて、東朝が崩れてしまったのかも知れない。まあ想像するしかないわけである。これは東西分裂を認めていないので記紀には載っていないので仕方ないことである。

しかし、神功皇后は、自分の息子が後を継ぐと表明していたので、謀略で誉田別の異腹の兄達を追い詰めて始末してしまったのだ。かくして息長帯比売命つまり神功皇后が倭国再統一を成し遂げたということである。問題は誉田別皇子が神功皇后の死後大王になるのだが、本当に仲哀天皇の皇子だったかどうか微妙なのである。

新羅侵攻に出陣するに際し、息長帯比売命は臨月になっていたが、出陣しないわけにはいかなかったので、生まれないように下腹部を縛って出征したとされている。つまり帯中彦の死後十月十日たっても生まれなかったのだ。予定より後で生まれているわけで、生まれないようにしたという話にしているのである。それで仲哀天皇の死後に孕んだ子で表筒之男命《うはつつのおのみこと》か建内宿禰の子供ではないかと勘ぐる人も多いのである。

でもそうなると磐余彦から万世一系とかいうのは崩れてしまうので、記紀の作者にとっては困るのである。もちろん息長帯比売命の説話自身が物語的な性格が強くて、どこまで史実かは大いに疑わしいわけである。だからここで大王家の血統が途切れているのではないかと思わせるのも創作上のテクニックだったかもしれない。

つまりあまりにつじつま合わせの作り話的なものばかりだと、歴史的な信憑性がなくなってしまう。そこで血統を疑わせるような話を挿入することで、物語にリアリティを感じさせるのである。つまり作者は大王家の万世一系を説くことが大きな目的なので、フィクションで血統を疑わせるような内容を作ることはあり得ない筈である。だから血統を疑われるような内容があると却って真実味を増すわけなのだ。そういう狙いでスキャンダラスな記事を入れたとしたら、凄いテクニックであると言わざるを得ない。

奈良時代に孝謙上皇は宇佐八幡宮に道鏡を天皇にしてもよいかどうかお伺いを立てている。もし万世一系を信じていたら、伊勢神宮にお伺いを立てるところだが、わざわざ筑紫の宇佐八幡宮に伺いを立てるのは、天皇家の祖先は誉田別大王（応神天皇）までしか遡れないと考えていたからだと思われるのである。もっとも本書の仮説では、天皇は伊勢神宮に参拝できない。天照大神を恐れているのでお伺いも立てられなかったということになる。

まとめにかえて——歴史を見るメガネで聖徳太子を見る——

1　高天原の消滅

大八洲一つの倭国にまとまらば高天原は天空の国

五世紀の河内王朝の確立で、倭人の統一王朝が大八洲で出来上がったと見られる。正確には大帯彦（景行天皇）、が四世紀中頃にいったん統合したものの、熊襲や蝦夷の叛乱が絶えず、息子の時代には倭国は東西に分裂した。倭国西朝が住吉三神の要請に応えて新羅侵攻に参戦し、その勝ちに乗じて、大八洲の倭国再統合を果たしたのである。

五世紀は河内王朝の時代と言われるが、大王の宮は河内だけではなく、大和にも置かれた。大雀《おほささぎ》大王《おおきみ》（仁徳天皇）の時代に河内湖と茅渟海《ちぬのうみ》（大阪湾）を結ぶ堀江の掘削など大土木工事で治水に励んだこともあり、河内平野の干拓が進んだのだ。また倭人の大八洲統合ということで、強盛大国となり、世界最大規模の古墳群がつくられている。

そうなると、高天原（加羅・任那）や海原（対馬・壱岐）倭国の立場が弱くなった。それまでは高天原や海原は本家意識が強かった。神功皇后の「三韓征伐」と呼ばれていたのも、実は無理やり参戦させられたものであり、倭国連合の参戦要請を拒もうとして帯中彦大王（仲哀天皇）は、住吉大神に呪殺させられたという説話もある。

それが五世紀には、任那・加羅は、逆に河内王朝の出先機関のような扱いになってしまう。新羅や百済との取引材料になり、百済に一部割譲したりしているのである。

記紀でも五世紀の任那・加羅を高天原とは呼んでいない。元々は、高天原・海原・大八洲となっていて、高天原は任那・加羅に当たると読むのが最も自然なのだが、おそらく新羅や百済との抗争や内紛などもあり、半島南端部の現人神たちは五世紀にはほとんど滅んでしまったのかもしれない。河内王朝にとっては、倭人の故地としてまた鉄資源の供給地として、半島文化の吸収のために確保していたわけである。

それで高天原は空の上にあるというような宗教的な存在として表現されることになってしまったということだろう。大八洲は河内王朝に統合されてしまったので、もう倭人三国とはいかないのだ。

河内王朝の権力内部で筑紫勢力や出雲勢力が命脈を保っていて、いろんな動きがあったと見る人もいるが、それを限られた史料から類推するとなるとほとんどこじつけになってしまう。

まだまだ古代史研究の私のキャリアは浅いので、それは今後の研究課題ということにして、まとめに聖徳太子を中心にする神道改革を取り上げ、倭人三国伝承が記紀説話へと改作されていった事情を幻視していくことにしたい。

2　聖徳太子の実在論争

この国に文字読む慣わし乏しけれ神業ならんやいつくしきのり

聖徳太子については、聖徳太子実在論争があり、これに決着をつけておかないと机上の空論になってしまう。六世紀中ごろに仏教が導入されてやっと文字が普及したのだから、ほとんど史料が存在しない。そのためこれまでの聖徳太子史料に信憑性が揺らぐと、その実在まで疑われる羽目になってしまうのである。

私に言わせれば、歴史を見るメガネをかけ間違うと、聖徳太子が見えなくなってしまうのである。非実在論には二つのタイプがある。一つは蘇我王朝説で、乙巳の変までは蘇我王朝だったという説である。そうすると用明天皇など存在しなかったことになるので、その皇子というのも実在しないというものである。

確かに蘇我馬子が崇峻天皇を殺しても罪を問われない話などは不自然である。だからこの話は蘇我氏がいかに強力で、大王の首を挿げ替える実力を持っていたかを示す作り話だったかもしれない。

大王家という血統が固定していなくて、最も有力な豪族が畿内王朝の大王を出していたとしたら、蘇我王朝説も説得力が有る。それなら馬子・蝦夷・入鹿が大王だったと考え、乙巳の変で蘇我王朝が打倒されたという解釈も一理あることになる。ただそのことを大王家が一つの血統だということでまとめている『古事記』や『日本書紀』から証明することは難しいのである。

祭祀を司る王族よりも、交易や武勲などで有力になる豪族のほうが勢力を持つというのがありがちだったかもしれない。蘇我氏の場合は渡来系の氏族と連係していたとも考えられる。崇峻天皇を東漢直駒に暗殺させているのだから、蘇我王朝ではなくても蘇我氏が大和政権を実質的に支配していて、大王は儀礼的に権威があっただけだったと考えられる。

ただ、六世紀末まで大王は夜明け前に祭祀をしていたことが『隋書』「俀国伝」から伺える。それなら磐余彦（神武天皇）以来六世紀末まで星や月の祭祀だったことになる可能性が高いので、一応血統がつながっていたという形式をとっていたことは考えられるのである。

蘇我王朝論が無理なら、厩戸皇子は実在したけれど、倭国は六世紀中頃仏教導入によってやっと本格的に文字を使用しはじめたところなので、『憲法十七条』を作ったり、仏典の講読や講義を行ったりできるはずがないから、厩戸皇子は聖徳太子と呼ばれるような業績をあげていない。だから彼を聖徳太子と呼ぶのは、後世の太子信仰に由来しているので、厩戸皇子は聖徳太子として実在していたのではないという議論がある。

これは大山誠一著『聖徳太子の誕生』の議論だ。これが歴史研究者には説得力があるようで、最近学校教科書でも厩戸皇子と書いて、聖徳太子と呼ばれるような業績については伝承にしているのもある。

しかし文字使用を倭人社会が忌避していたことはあっただろうが、朝鮮三国や大陸との交易や文化交流はあったのだから、厩戸皇子が慧聡《えそう》・慧慈《えじ》などの優秀な師を持てば、かなりの学識に到達することは可能だっただろう。それに『憲法十七条』や仏典講読なども個人的な力だけで成し遂げたのではなくて、師や仲間たちと協力しあって実現できたものではないだろうか。

それに聖徳太子と呼ばれるぐらいなので、やはり釈迦牟尼の生まれ変わりかと思われるほど画期的なことをされたのかもしれない。宗教となると直ぐにインチキと考え、聖徳太子も実は凡人、イエス・キリストもただの世捨て人だったという人がいるが、やはり当時の人々にとっては神か仏かと思われるほど衝撃的なことをしたから信仰された可能性があると受け止めることも必要である。これは宗教を見るメガネである。

では『日本書紀』に記載されている『憲法十七条』の内容は、すべて厩戸皇子が書かれたのだろうか?「国司」「郡」など当時存在していない語句があるということも『憲法十七条』が後世偽作された証拠だと言われる。この場合、個々の語句が何時から存在していたかという問は空しい問である。まだ文字を書き始めたばかりなので、前例や類例がないことで偽作と決めつけるのは慎重でなければならない。

もっとも「天皇」は七世紀からの呼称なのに、神武から天皇だったみたいに書いてある。だから八世紀の『日本書紀』の『憲法十七条』の内容は七世紀初頭の内容をかなり補正していても不思議はないのだ。補正されているからと言って、『憲法十七条』自体が八世紀の思いつきみたいに考えるのはどうだろう、冷静に考えれば、あまり説得力は感じられない。

それより七世紀初頭に衆知を集めた話し合いとか、重要なことはよく話し合ってから決めようとか、和を大切にしよう、仏教の慈悲の精神を大切にということで国づくりの方向を打ち出したことに注目すべきである。

もし聖徳太子が実在したとしたら、それだけ重大な問題が議論されていたということである。大山たちは、後世の太子信仰から太子の業績を偽造したという解釈だが、梅原猛や私などは、太子の在世時代にこそ、聖徳太子を聖人化して、国論をまとめなければならなかったと解釈しているのだ。むしろ太子信仰は在世時代からあったと考えられる。

その好例が法隆寺の薬師如来像後背銘だ。銘文によれば、太子在世なのに「東宮聖王」と崇拝されている。それで後世の偽作ではないかと疑われたのだ。この後背銘は六〇七年だから、既に六〇四年に「憲法十七条」が書かれていて、驚嘆されていたと考えられる。それに当時東アジアでは菩薩天子、菩薩太子の時代なので、太子を聖化して、その権威で国をまとめる時代だったのである。

3　崇仏・廃仏論争

この国は祟りの神のさわなるをなどて祀るや蕃国神《あだしくにかみ》

厩戸皇子が幼い頃に国論を二分して争われていたのが、崇仏・廃仏論争だ。百済の聖明王による仏教公伝は、「ゴミは午後にほっとけ」で暗記した、五三八年と五五二年に分かれる。最初は崇仏か廃仏か議論がまとまらないので、試しに蘇我氏だけで崇仏を行ってみることが、認められたのである。

神道の祭祀に関わっていた物部氏・忌部氏・中臣氏などは、外国の神を入れたら我が国の神々が嫉妬して祟るという理由で猛反対した。蘇我氏は東アジアではみんな崇拝しているのだから、この国際化時代についていけないよということで、崇仏を主張したのである。『日本書紀』欽明天皇13年（西暦五五二年）の記事を引用してみよう。

冬十月、百濟聖明王更名聖王、遣西部姫氏達率怒唎斯致契等、獻釋迦佛金銅像一軀・幡蓋若干・經論若干卷。別表、讃流通禮拜功德云「是法、於諸法中最爲殊勝、難解難入、周公・孔子尚不能知。此法、能生無量無邊福德果報、乃至成辨無上菩提。譬如人懷隨意寶・逐所須用・盡依情、此妙法寶亦復然、祈願依情無所乏。且夫遠自天竺爰洎三韓、依教奉持無不尊敬。由是、百濟王・臣明、謹遣陪臣怒唎斯致契、奉傳帝國流通畿內。果佛所記我法東流。」
是日、天皇聞已、歡喜踊躍、詔使者云「朕從昔來、未曾得聞如是微妙之法。然朕不自決。」乃・問群臣曰「西蕃獻佛、相貌端嚴。全未曾有、可禮以不。」蘇我大臣稲目宿禰奏曰「西蕃諸國一皆禮之、豐秋日本豈獨背也。」物部大連尾輿・中臣連鎌子同奏曰「我國家之王天下者、恆以天地・稷百八十神、春夏秋冬祭拜爲事。方今改拜蕃神、恐致國神之怒。」天皇曰「宜付情願人稲目宿禰試令禮拜。」

冬十月、百済の聖明王《せいめいおう》（またの名は聖王）西部姫氏達率怒唎斯致契《せいほうきしだちそちぬりしちけい》らを遣して、釈迦仏の金銅像一軀・幡蓋《ばんがい》若干・経論若干巻を献上す。別に表して、（仏法の）流布《るふ》と礼拝の功徳《くどく》を讃へて云ふ、「この法《のり》、諸法のうち最も殊勝たり。解するに難《かた》く入るに難し、周公・孔子尚知ることあたはず。この法よく無量、無辺の福徳・果報を生じ、ないし無上の菩提を成弁す。たとへば、人、随意宝《こころのままなるたから》を懐きて、すべきところにしたがひて、ことごとくにこころのままなるがごとく、この妙法の宝もまた然なり。祈願こころのままにして乏しきところなし。かつそれ遠くは天竺よりここに三韓にいたるまでに、教《みのり》によりうけたもちて、尊び敬はずということなし。これによりて百済の王臣明謹みて陪臣怒唎斯致契を遣して帝国《みかど》に伝え奉りて、畿内《うちつくに》にあまねはさむ。仏我法《のり》は東につたはらむと記せるを果たさむ。」

この日、天皇《すめろぎ》聞し已《おわ》りて、よろこびほどはしりたまひて、使者たまはく、「朕《われ》昔よりこのかた、このごときくはしき法をいまだきくことを得ず。しかしながら、朕みずから決《さだ》むまじ」と。

すなはち群臣《まへつきみたち》にとなめとひてのたまはく、「西となりのくにの献れる仏のかほきらきらし。もはら未だかつてあらず、ゐやまふべきやいなや」と。

蘇我大臣稲目宿禰、奏《まお》して曰く、「にしどなりのくにぐに西蕃諸國もはらにみなこれをゐやまふ。豊秋日本《とよあきつやまと》あにひとりそむかむや」と。物部大連尾輿と中臣連鎌子は同じく奏して曰く、「我が国家《みかど》の天の下に王《きみ》とましますは恒に天地社稷《あまつやしろくにつやしろ》の百八十神《ももあまりやそがみ》を以て春夏秋冬まつりたまふことをわざとす。まさに今改めてあだしくにの神ををがみたまはば、恐るらくは国神《くにつかみ》の怒を致したまはむ」と。天皇のたまはく「願ふ人《ひと》稲目宿禰にさづけて、試にゐやまひをがましむべし」と。


ともかく百済の聖明王は調子のいいことを言っている。何でも思いをかなえてくれる魔法の玉みたいに、仏法でなんでも叶うのだといい、天竺から朝鮮の三韓までみんな受容して教えを奉じているんだというわけである。欽明天皇もこんな「くはしき法」は聞いたことがないと感心している。つまり「詳しい」というは細やかで美しいという意味で、よく出来ていて素敵だと感嘆しているのである。だがここで軽率に大王の権限で導入を決めてしまうと、後でトラブルが起こった時に大王の責任が問われることになりかねないので、一人ずつの意見を言わせたのだ。

蘇我氏は武内宿祢の末裔だが渡来人との繋がりが深く、よその国がみんな信仰しているのだったら倭国だけ信仰しないわけにいかないという推進論だった。他方、物部氏・中臣氏は神道の祭祀を司っていたので、外国の神を新しく入れて祭ると、我が国の神々が嫉妬して怒るのではないかと慎重論だったのである。そこで欽明天皇は、導入したがっている蘇我氏が試しに仏像を拝んでみることにしようということでまとめたのである。

それで実際に蘇我氏だけ拝んでみると、疫病がはやったのである。「民致夭殘久而愈多不能治療」とあるので、「民が疫病でちょっとの間にどんどん死んでいき、久しくどんどん病人が増えていき、治療できなかった」という有様である。それでだから《いわんこっちゃない》とばかり廃仏運動が起ったのである。難波の堀江に仏像を捨てて、伽藍《がらん》に放火したのだ。

仏教導入と疫病が流行《はや》るのは何の関係もない。でも当時の人々は、神々は疫病や飢饉という形で祟るものだと思い込んでいたので、つい信じてしまうのだ。

次の敏達天皇14年にも蘇我氏が仏像に拝むと、また疫病が流行ったとして廃仏運動が起こり、敏達天皇も「いやちこ（明白）なれば、仏法をやめよ」と廃仏運動を支持したのだ。それで仏像や仏殿が焼かれて、難波の堀江にまた仏像が捨てられた。ところが疱瘡《ほうそう》が大流行して、その苦しみは「身焼かれ、打たれ、くだかるるが如し」で、今度は逆に仏像を焼いた罰かということになった。もちろん疱瘡の流行と廃仏は関係はない。でも功徳を求め、祟りを恐れるのが彼らの信仰の動機だから、つい祟りで解釈してしまうのである。

仏を崇拝すると国神が崇って疫病が流行ったということで、廃仏運動が起こり、廃仏によって仏が崇って疫病が流行るとされて動揺するわけである。結局蘇我・物部の憎しみが激化して五八七年丁未《ていび》の乱で決着することになったのだ。その時に厩戸皇子は五七四生まれなので13歳だったが、蘇我氏系だったので、仏教に深く帰依していて参戦している。

物部氏の廃仏の動機だが、物部氏の太陽神信仰にとって、仏教は脅威だったのだ。啇売敵《しょうばいがたき》のような存在だったといえる。物部氏がどの程度仏教を理解していたか分からないが、阿弥陀仏信仰や盧遮那仏信仰は、光の信仰である、巨大な宇宙の隅々まで照らす光とされているわけである。太陽神信仰にとってはライバルである。

記紀の記述では、物部氏も大王家も天照大神の子孫のようになっているが、本書で証明してきたように、実は大王家は月讀命の子孫であり、太陽神信仰との関わりは、大王の娘や妹を御杖代として天照大神に輿入《こしい》れさせることによってなのである。

磐余彦の東征で元々倒された王朝の神なので天照大神は伊勢神宮にお祀りして、大王の娘や妹が処女のまま斎宮《さいぐう》になって輿入れしてきたのだ。実は伊勢に遠ざけているのは祟らないようにという意味もあったのである。

だから天照大神は、物部氏の祖先神だけれど、大王家の祖先神ではなかったのである。物部氏の族長は饒速日神を兼ねていた。彼らは大和・河内で太陽神として祭祀を行っていた。つまり宮中では太陽神への祭祀は行わなかったのである。

既に何度も言っているが、邇邇藝命の祖母は月讀命だったのである。磐余彦は邇邇藝命の曾孫だ。だから磐余彦が持ち込んだ宮中の祭祀は、主神としては天之御中主神を祀り、祖先神としては月讀命を祀る祭祀だったのだ。だから夜明け前にしていたのである。

大和政権によって倒された王朝の神が天照大神なので、祟ることがあり、宮中で祟らないように祀ったことがあるが、やはり祟り神である大物主神といっしょに祀ったので、そりが合わず、天照大神を何處に祀るか放浪した挙句伊勢に祀ることになったという伝承がある。

物部氏は、祖先神である天照大神の祭祀権を斎宮に独占されて、大王家に干渉されていたのだ。しかし河内大和では一応物部氏が太陽神信仰をしきっていたわけである。饒速日信仰は族長がその現人神になることで、しっかり守っていたのである。ところが仏教導入でこの信仰が、脅かされると考えたのだろう。蘇我氏にすれば仏教によって、太陽よりもっと明るい光を持てると妄想したかもしれない。物部氏の祭祀権に挑戦する意味で仏教導入を主張していたかもしれない。だって仏教は土俗の道教や神道より格上ということなので、導入派は当然既成の祭祀権を弱められるという狙いがあったと考えられる。

4　六〇〇年の遣隋使問題

月星に祈り捧げて民草の平安保つが政《まつりごと》かは

五九二年に推古天皇が即位した。その際に厩戸皇子は摂政になったのだが、十八歳だった。もっとも「聖徳太子非実在論」でいけば、摂政になったとしているのは『日本書紀』であり、当時摂政という地位があったのか疑わしいようである。結局非実在論者が言うには、厩戸皇子は何も大したことはしなかったのだから、大したことをする地位についていたかどうかも疑わしいといいたいのである。

しかし厩戸皇子は摂政を引き受けたとしたら相当難しい選択をしたことになる。なぜなら蘇我馬子が東漢駒に崇峻天皇を殺させた後だからである。

崇峻天皇は「いずれの時かこの猪の頸を断《き》るが如く、朕がねたしとおもふ所の人を断らむ」ともらしたのだ。馬子を名指しに殺したいといったわけではなかった。

でもそれを聴いた大伴嬪小手子《おおとものひめこてこ》が馬子に知らせた、馬子は自分の事を言っていると確信したのだろう。その準備かどうかははっきりしないが、すでに内裏《だいり》に兵力を集めていたと言われる。後から大逆罪で告発されなかったということは、重臣たちに根回しをした上だったと言われている。でも厩戸皇子も摂政になるということは馬子に罪を問わなかったので、共犯だと、江戸時代の国学者たちは厩戸皇子を批難しているのだ。

慈円は『愚管抄』で王法より仏法が重要だから、仏教を興すためには馬子を除こうとした崇峻天皇が弑《しい》されたのは仕方ないみたいに論じている。厩戸皇子は馬子の強大な権勢の下でどれだけのことができると考えたのか分からないが、事情を知っていたとしたら、殺《や》られる前に殺るのはたとえ相手が大王でも仕方ないと考えたかもしれない。

問題の六〇〇年の遣隋使だが『隋書』俀国《たいこく》伝には記録があるのに『日本書紀』には存在しない。やはり『日本書紀』の作者は『隋書』俀国伝の内容を書くわけにはいかなかったので、遣隋使の記事自体を書かなかったのではなかろうか。では再度引用しておこう。

開皇二十年、倭王姓阿毎、字多利思比孤、號阿輩雞彌、遣使詣闕。上令所司訪其風俗。使者言倭王以天為兄、以日為弟、天未明時出聽政、跏趺坐、日出便停理務、云委我弟。高祖曰：「此太無義理。」於是訓令改之。

開皇二十年（六〇〇年）、倭王、姓は阿毎《あめ》、字は多利思比孤《たりしひこ》、号は阿輩雞彌《おほきみ》、遣使を王宮に詣でさせる。上（天子）は所司に、そこの風俗を尋ねさせた。使者が言うには、倭王は天を以て兄となし、日を以て弟となす、天が未だ明けない時、出でて聴政し、結跏趺坐《けっかふざ》（座禅に於ける坐相）し、日が昇れば、すなわち政務を停め、我が弟に委ねるという。高祖が曰く「これはとても道理ではない」。ここに於いて訓令でこれを改めさせる。

これが倭国つまり大和政権のことなら、推古天皇は兄で厩戸皇子は弟ということになり、事実と符合しないという人がいる。古田武彦である。彼は、だからこの倭国は九州王朝のことではないかとする。でも兄弟は女であっても言える。兄媛《えひめ》、弟媛《おとひめ》という用法があるのだから。正確には叔母—甥の関係だが、その時の遣隋使は、中国語があまりできなかったので、兄弟ということで説明したのではないだろうか。姉弟として説明すると、女帝についてまた説明しなければならなくなると思って、兄にしておいたのでだろう。

ただし、「倭王姓阿毎、字多利思比孤」なので「比孤」は「彦」で、これは男である。女なら「比賣《ひめ》」だ。古田武彦は「北孤《ほこ》」であると読む。「矛」なら「天日矛」が連想される。やはり男のイメージである。そこで古田説に確かに有利なのだが、古田説では、筑紫倭国が大和政権に統合されていなかったということになる。あるいは大和政権自体が筑紫にあったというような説を生み、収拾がつかなくなる。

遺跡などから大和・河内に強大な王朝があったことは否定できない。遣隋使の話を聞き取る側は女王だとは知らなかったので「多利思比賣」と言ったのを「多利思比孤」あるいは「北孤」と聞き間違えたという解釈も可能である。倭国は初めての遣隋使ということで聞き取りづらかったことも考えられるのだ。あるいは女王であることを隠したかったのだろうか。そういう説を取る人が多いようである。

私は「阿毎多利思比孤」を「天孫族を率いる貴い男」と解釈する。「足りし」というのは「支配する」という意味で使われる。男なので厩戸皇子のことである。つまり推古女帝は外交を摂政に丸投げしていたので、厩戸皇子の遣いとして遣隋使が派遣されたということである。厩戸王も「うまやとのおほきみ」と読むので号の阿輩雞彌と矛盾しないのだ。

兄王が未明に聴政するというのは大王の祭祀だと思われる。未明に政治や経済のややこしい話をするのは不自然である。『日本書紀』には即位の翌年に厩戸皇子が摂政になり「万機以ってことごとく委ねる」とされているので、大王は未明に世俗的な政治のことではなく、宗教的な祭祀をしていたと解釈できる。そして夜が明けると厩戸皇子にバトンタッチして政務を担当してもらったということなのだ。

それを隋の文帝は「これはとても道理ではない」と改めさせたということだが、倭国は隋の柵封国ではないので、従う義務はない。でも隋の皇帝から言われたのだから、ショックだっただろう。これでいいのかと深刻に悩んだ筈である。元々、主神が天之御中主神で、大王家の祖先神が月讀命なので未明の儀礼をしてきたわけだが、それで今後も国が治められるのか思いあぐねたことであろう。

北極星や月を目安にして方角や暦を作るのは、海洋民族や砂漠の民、通商民族などでは盛んで、それらの民族では主神が北極星であったりするわけである。元々、倭国は任那・加羅、対馬・壱岐にあり、博多の奴国を極南界にしていた海洋国家だった。だからそれでよかったのだけれど、河内・大和を中心にする農業国家となったので、太陽神を主神にし、大地や水の神、豊穣の神を祀るようにしなければ上手く治まらないのじゃないか、それを物部氏にまかせているようじゃ、しまいに鼎《かなえ》の軽重《けいちょう》（政権の正統性）を問われることになりかねないのである。

それに物部宗家が五八七年丁未の乱で滅んでしまったのだ。もう饒速日神を自称できる現人神もいなくなったのである。磐余彦に臣従してしまった饒速日命四世あるいは五世は、物部氏の族長になっていたわけである。それで代々物部氏の族長が饒速日神という現人神になっていたと想像される。だから物部守屋も饒速日神を自称していたのではないかと思われる。

『日本書紀』は八世紀の権力者の都合も考慮されているから、物部氏にはあまり配慮していない。饒速日神という現人神がいつまで続いたか、いつから現人神はいなくなったかは分からないから、一応物部宗家が続いている間は、現人神を名乗った可能性はある。

5　主神を天照大神に

陽の恵みよりて命の育めり、朝夕拝めや天知らす神

「聖徳太子の大罪」とは、主神を天之御中主神から天照大神に差し替え、皇祖神も月讀命から天照大神に差し替えたということである。ところでそもそも日本神話には主神という観念はあったのだろうか？『古事記』では、天之御中主神は最初に登場してすぐ隠れてしまう。天照大神が主神だと言われるのは、父神である伊邪那岐神に、高天原を知らせと言われたからである。

高天原は、大八洲の倭人からみれば海原の向こうということで高天原なのだ。海と天との同一視からくるのである。だから任那・加羅を指していたと思われる。それが五世紀以降は宗教化して、空の高いところの国「天空の国」の意味に成ってしまい、任那・加羅ではなくなったのだ。

その高天原の支配者となると神々の支配者で主神ということは明確である。

「しかし六世紀まで天之御中主神を主神として祀っていたと言われるけれど、その痕跡はありますか、『隋書』の「天未明時出聴政」という言葉だけでは弱いでしょう。」こう批判されることがある。たしかに『古事記』に初めて登場するのが天之御中主神で、天の中心だから主神に決っているというのは理屈であって、その理屈通りだったのか、何か裏付けが欲しいところである。

それで、天之御中主神の主神降ろしが、「天皇」号の成立に関わっているのじゃないかと考えたのである。天之御中主神が主神だったとして、主神だった神を主神から降ろしてしまうということは、大変なことである。

今まで一番大切な神として崇拝されていたのに、急に太陽を主神に乗り換えられたのでは、天之御中主神＝北極星にすれば、いたたまれない筈である。だれもがそう受け止めると思われる。当時の人ならきっとなんらかの祟りが起きると考えただろう。ヘタすると天に中心がなくなって、天が崩れて落ちてくるとか考えたかもしれない。

それで天之御中主神を高天原の統治者としては祀らないけれど、宇宙の中心、世界の中心の神としては祀り続けようということで、大王を天之御中主神の現人神にすることにしたのではないかと、私は解釈したのである。

ということは未明に北極星を祀る儀礼の代わりに、昼間に天皇を世界の中心、宇宙の中心として仰ぎ見ることで、北極星信仰を続けていることにしたのではないかという解釈である。でも北極星にすれば、星だからやはり夜に見上げて欲しいだろう。そこは大王が未明に祭祀をしていたのでは政治にならないという事情なので、納得してもらおうということだ。

それじゃあ天之御中主神と大王を呼ぶべきなのに天皇《てんのう》にしてしまうと、北極星は怒らないだろうか？　でも「豊御食炊屋《とよみけかしきや》の天之御中主神」では呼びにくい。豊御食炊屋大王から変えるのだから、豊御食炊屋天皇の方がふさわしいのである。天之御中主神つまり北極星は、中国では天の中心として天帝とか天皇大帝と呼ばれていたのだから、天皇は天之御中主神の言い換えと言えるのである。

これはあくまで私の解釈で、天皇を天之御中主神の言い換えだとは記紀に書いてあるわけではない。書いてあれば議論するまでもないだろう。わざわざ書いてしまうと天之御中主神を主神から不遜にも降ろしたので、代償で大王を天皇と呼ぶことにしたことを認めることになってしまう。まあ実際そうなのだったら隠すまでもなかったのではと反論されるだろうか。

隠さないと物部氏の太陽神信仰を簒奪《さんだつ》したことになってしまう。恐らく物部氏には祖先神として饒速日神《にぎはやひのかみ》を祭り、天照大神《あまてらすおほみかみ》についてては朝廷が祀ることに限定したのだろう。しかも元々そうしてきたことにしたのである。

ところで、七世紀初頭は任那・加羅は新羅や百済に蹂躙《じゅうりん》されてしまっていたけれど、そこにはもう天之御中主神の現人神《あらひとがみ》はいなかったのだろうか、いれば特許権侵害だと抗議されたかもしれない。これも今となっては史料がないので想像の域を出ないが、五世紀の段階で大八洲の倭人たちは高天原が任那・加羅のことだという意識をなくしていたので、仮にいたとしても無視しただろうし、とっくに新羅・百済との抗争の中で高天原の現人神たちは滅亡していたのではないだろうか。

6　皇祖神を天照大御神に

天照の孫が邇邇藝に成るために、女神となりて珠揺らしたり

本書の新解釈では、天照大神は元々は皇室の皇祖神ではなかった、月讀命が皇祖神だった、それがこの神道改革で皇祖神も天照大神だったことにしたのだということである。「三貴神《みはしらのうずみかみ》の天降り」の説明で何度もその論証をしているのだが、月讀命が皇祖神だったという論証を「まとめにかえて」ということにもなるので、再確認しておこう。

伊邪那岐の神は、「吾欲生御寓之珍子《ぎょぐうのちんし》（吾は天下を治めるべきすぐれた子を生みたい）」と三貴神を生んだのである。それが天照大神、月讀命、須佐之男命である。『古事記』では天照大神は高天原を治めよと命じられたのだが、それは元の伝承では天之御中主神が主神だったので、本当は大八洲の中の「日の食国《をすくに》」を治めよだったはずである。それで太陽神信仰の国といえば、饒速日王国のあった河内・大和である。月讀命は「夜の食国」を治めた。月の古音は「ツク」なので「筑紫」が月讀命が治めた国だったのだ。そして須佐之男命は、伊邪那岐が統治していた海原つまり

壱岐・対馬を中心にする元々の倭国を末子相続することになっていたのだ。

ところが須佐之男命は、母の国に行きたいと哭きいさちるばかりで、海原を支配せず災いばかり起こしていたので追放され、結局最終的には出雲を建国したのである。

本書の大胆な仮設は、饒速日神や邇邇藝命の天降りを七世紀の改作とし、元々は天照大神が河内に天降り、月讀命が筑紫に天降ったとしたところだ。つまり「三貴神の天降り仮説」である。

何故この三神だけが横並びで三貴神なのか？　それは大八洲に三つの倭国を建国したからなのである。結局、神話伝承は、建国の謂れや経緯を伝えるための伝承なのだから、統一倭国の前に倭人三国の伝承があったはずである。その主体として三貴神が誕生したのだ。

ところが天照大神を主神にする七世紀の改革で、天照大神は高天原に上げられて天降りできなくなってしまったのだ。それで代わりに孫を天降りさせたという伝承に変更したのである。ついでに月讀命の天降りも邇邇藝命を天照大神の孫にするためには困るので、月讀命まで高天原に上げられてしまったということだ。

月讀命が筑紫に天降ったとしたら、邇邇藝命はその孫になってしまう。邇邇藝命を天照大神の孫にしないと、邇邇藝命の曾孫である磐余彦（神武天皇）の祖先は天照大神だと言えなくなる。

それに邇邇藝命が天照大神の孫であるとするためには、須佐之男命の宇気比（誓約）の相手は月讀命ではなく、天照大神だったことにしなければならない。場所も筑紫ではなく高天原だったことにしなければならないのだ。それに宇気比は、性交のようなものだったので、男神須佐之男命の相手は女神だったことになり、天照大神は女神に性転換されてしまったのである。

記紀では高天原で宇気比《うけひ》をしたことになっていて、須佐之男命の宇気比の相手は天照大神になっているのをどうして疑うのかと反発されるかもしれないが、よく読めば矛盾点に気づき、月讀命を天照大神に差し替えた事が分かるのだ。

三貴神の持ち物はシンボリックなものなので、天照大神は鏡、月讀命は勾玉、須佐之男命は刀の筈である。これが実は「三種の神器」の謂れなのである。それで「三種の神器」を集めると大八洲の覇権を意味することになったと思われる。何故なら三倭国の統合になるからだ。

ところが『古事記』の宇気比では、天照大神は鏡ではなくて勾玉を持っていた。つまり元の口誦伝承では勾玉の本来の持ち主である月讀命が、須佐之男命と宇気比していたのである。それに須佐之男命の刀を天照大神が噛み砕いて、生んだはずの宗像三女神は筑紫の北岸とその沖にあるから、宇気比が高天原ではなく、月讀命の筑紫で行われたことを伺わせるのである。

それに記紀などの宇気比の勝手な改作で最も神々に対して失礼で、心を傷つけたという印象を受けるのは、強引な性転換である。

元々太陽と月というのは陰陽の典型である。陰陽思想では、太陽神は男神、月神は女神となるべきものである。それを天照大神を邇邇藝命の祖母にするために女神にしたのである。伊勢神宮の斎宮は、御杖代と呼ばれ、天照大神の花嫁だったのに、夫が女神になったのでは困ってしまう。

元々、天照大神には瀬織津媛という妃がいたのだが、天照大神が女神になれば立つ瀬がなくなってしまう。それで元々は清流の神で直毘霊神《なおびのみたまのかみ》のような神だったのに、最も恐ろしい八十禍津日神にされ、天照大神の荒御魂として伊勢神宮に祀られているのである。月讀命は、男神の印象を与えるために保食神《うけもちのかみ》を惨殺したことにされている。月讀命はほとんど記紀から抹殺されるのである。なぜなら月讀命が邇邇藝命の祖母だったのだから、それを天照大神に取替えた以上、抹殺するしかなくなったのである。

それで月讀命の祟を恐れて伊勢神宮には、天照大神の拝殿は一つだけれど、月讀命の拝殿だけは二つもある。それにしても伊勢神宮というのは興味深い。天照大神は主神兼皇祖神なので、日本の神社の中で最も格の高い神社なのだが、出雲大社同様、同時に怨霊信仰の神社でもあるということである。元々、倭姫が天照大神をお祀りした時は、皇祖神としてではなく、倒された前王朝の神として祟り神としてお祀りしたのである。ところが七世紀の皇祖神の差し替えで、今度は元々皇祖神だった月讀命が祟り神として祀られたわけである。

7　補充　溝口睦子著『アマテラスの誕生』について

溝口睦子の『アマテラスの誕生』を読んだ。皇祖神=国家神が高皇産霊尊《たかみむすひのみこと》から天照大神に差し替えられたことを論じている書物である。私は、見落としていたもので、紹介して補充としておこう。

「皇祖高皇産霊尊《たかみむすひのみこと》、特に憐愛を鍾《あつ》めて、崇め養したまふ。遂に皇孫天津彦彦火瓊瓊杵尊《あまつひこひこほのににぎのみこと》を立てて、葦原中国の主とせんと欲す。」と『日本書紀』にあり、高皇産霊尊が皇祖神とされている。溝口さんによれば七世紀までは天照大神が皇祖神として祀られていた形跡はないというのである。

高皇産霊尊の娘栲幡千千姫命《たくはたちぢひめのみこと》が天照大神の物実から生まれた忍穂耳命《おしほみみのみこと》に嫁ぎ瓊瓊杵尊《ににぎのみこと》を生んだので外祖父にあたり、それで皇祖とされているのだ。ただ高皇産霊尊はどうも高天原を仕切っていたようなので、天孫降臨や国譲りや神武東征などで高天原の主神である天照大神よりも目立っている。

それで元々、主神・皇祖神は高皇産霊尊ではなかったかという説があるようなのだ。梅原猛は、藤原氏が外戚支配するモデルとして高皇産霊尊の活躍を入れたのではないかと類推していた。溝口は、律令国家形成にあたり、国家神を元々半島からの高皇産霊尊の神から元来は伊勢の地方神だった天照大神という女神に差し替えたとしている。

七世紀まで宮中で儀礼では高皇産霊尊を中心にする「宮中八神」に感謝の祈りを捧げる月次祭《つきなみさい》があったが、その八神に天照大神は入っていない。その際の祝詞《のりと》に付け足しのように「辞別きて、伊勢に坐す天照大御神の大前に白さく」があり、いかにも天照大神が後発であることがわかるというのである。

それで天照大神は皇祖神でなかったとすると、忍穂耳命は天照大神の息子でなかったことになる。それでスサノヲとの宇気比について、溝口は、天照大神が生んだのは宗像三女神であり、天照大神は自分の勾玉を砕いて宗像三女神を生み、スサノヲは自分の剣を砕いて五男神を生んだと

造化三神図

いう『日本書紀』の異伝の解釈を採用しているのである。

つまりそういう解釈をしておけば、天照大神は元々皇祖神ではなかったことになるから、天照大神を皇祖神にするために解釈を変更したということになるわけである。しかしそれなら皇祖神を天照大神に差し替えなければならないだけの重要な理由が必要だが、そのあたりは溝口の場合切れ味が良いとはいえない。

溝口によれば、天照大神は地方の太陽神だったけれど、わりに古来から親しまれていたようだという。それから壬申の乱の時に伊勢から神風を起こして支援してくれたのでそれが原因だという説もある。その説は溝口は採用していないが、ともかく神話の一元化の必要があり、大陸から渡ってきた神よりも地元の神の方がということらしい。

どうも納得がいかないのが高皇産霊《タカミムスヒ》尊も太陽神だったという解釈である。それだったら太陽神から太陽神に差し替えということになる。そんなことをする必然性が感じられない。女神にしたかったという梅原猛の解釈なら、持統天皇が孫の軽皇子を皇位に就けるために先例が欲しかったのということがあった。その理由には溝口は触れていない。

男神でもよかったのなら、高皇産霊尊の話をもっと膨らまして、ヤマトタケルや神功皇后伝説でも登場させたりすればよかったのである。主神や皇祖神をわざわざ差し替える必然性は天武の時期には全く感じられない。北極星信仰から太陽神信仰というのなら、水産・海運中心から農業中心へと産業の変化と緊密に関連するので、畿内に中心を置く以上いずれ替えなければならない必然性がある。

なぜ高皇産霊尊が太陽神なのかその説明も説得力がない。一般にムスヒの神は、実を結ぶなどの「結びの神」と言われ、自然の生み出す力を象徴している。それで天之御中主神と高皇産霊神と神皇産霊神が造化三神と呼ばれているのである。「高皇」というのは高く貴いということだ。その凄さは天地を鋳型にはめて生んだとも言われるぐらいである。

溝口は、「むすひ」を「産霊」でなく「ヒ」を「日」と解釈して、「万物を生む太陽」と解釈している。「ムスヒ」神は他にもたくさんあるので、「高皇産霊尊」だけが太陽だという根拠を示さなければならない筈である。そうでないと全ての産む働きは太陽だとなってしまう。産土神《うぶすなのかみ》も生む働きをするムスヒノカミである。でも産土神は大地である、したがって、太陽ではないのだ。

カミムスヒ、タマツメムスヒ、イクムスヒ、タルムスヒなども太陽ではないだろう。『日本書紀』に神武が「皇祖の天神」を祀る話で、「我が皇祖の霊が、天からご覧になって、私を照らしてお助けくださった。」とあるが、溝口は、この皇祖はタカミムスヒなので、太陽神であるとするのである。

しかしこれは『日本書紀』の文章だから、既に溝口の解釈でも皇祖神は天照大神に差し替えられていたのである。この皇祖を書紀の作者は天照大神のつもりで書かなかった根拠は存在しない。ともかく高皇産霊尊が太陽神だという根拠がこれだけではあまりに直観的すぎるのではなかろうか。すくなくとも歴史研究者の態度ではないだろう。

それに高皇産霊尊が太陽神であり、皇祖神であれば、西暦六〇〇年の遣隋使での大王の祭祀が未明だったということと矛盾する。太陽神だったら未明の祭祀はあり得ないのではないだろうか。日中、あるいは夜明けや日没にするのではないか。だから当然『隋書』の解釈も、溝口の場合、荒唐無稽にならざるを得ない。

遣隋使船復元

「倭王は、天を兄とし、太陽を弟としています、（それで倭王は）天がまだ明けぬうちに、（王宮に）出て政事を聴きます。（その間）あぐらをかき不動の姿勢をとっています。太陽が昇るとあとは弟（たる太陽）に委ねるといってその政事を終えます。（山尾幸久訳）」
この引用について、溝口は、天と太陽を擬人化してそれを倭王の兄弟だとしているというのである。
溝口は天を天之御中主神、日を高皇産霊尊として解釈し、夜は北極星を中心に星が支配し、昼は太陽神が支配しているのが日本の風俗だというように解釈している。もしそれなら道家の無為自然が倭国の風俗だと説明したことになり、神仙問答である。倭国には既に達観した道士がいて、遣隋使になったのだろうか？

「倭王を天を以て兄となし日を以て弟となす」とあり、文帝はこの風習を訓令で改めさせている。もし無為自然のごとく、夜は天の星が昼は太陽が支配するというなら、自然の道理なので、「此れはなはだ義理なし」とも言えないだろう。改めさせるというのも可怪《おか》しい。「神仙問答はいいから政事の実情を語れ」と言ったはずである。

この時の大王は額田部大王（推古天皇）であり、摂政は厩戸皇子だった。叔母―甥関係なのである、でも遣隋使は、皇帝の前で緊張して話せなくなり、兄弟として説明してしまったのかもしれない。彼にすれば、女帝についていろいろ質問されると面倒ということで、兄弟にしたのであろう。当時は女でも兄と言うので別に嘘ではない。

兄なら男王の筈だというのに拘ったのが古田武彦である。だからこの時の倭国は九州王朝だったと言い張っている。私は兄が天を祀る儀礼を行っていたので、天と呼ばれ、弟は日中政治をしていたので日と呼ばれたと解釈している。兄のところが聴政になっているが、人民の政情を聴くのではなく、天からの声を聴くということであろう。もちろん弟は太陽神を祀っていたのではない。

弟は具体的な政治を任されていた。もちろん重大問題が起こって神に裁断を仰ぐとなれば、夜に兄が天之御中主神・月讀命にお伺いを立てたのだろう。そういう未明に大王が祭祀するような政治のあり方では、怪しげで信頼されないからやめなさいというのが文帝の訓令だと解釈すれば合点がいくのである。

だとすれば、大王の祭祀は夜中なので、太陽神が主神や皇祖神ではあり得ないことになる。高皇産霊尊だろうが天照大神だろうが、太陽神なら未明の祭祀は理屈に合わないのだ。では宮中八神の筆頭が高皇産霊尊だから高皇産霊尊は夜に祀られるような月や星なのだろうか。それも違う。年二回の月次祭で祀られるのが「宮中八神」なので、毎日の未明の祭祀のことではないのである。月次祭は日中に行った筈だ。つまり毎日未明に祀った神ではないので、高皇産霊尊は主神や皇祖神（外戚という意味では皇祖だが）ではないのである。

やはり六世紀末までは主神は天之御中主神、大王家の祖先神は月讀命という私の解釈でいいのである。史料を解釈する場合、その時代の額田部大王と厩戸皇子摂政というものに合わせて解釈しないと支離滅裂になってしまう。

「天」とか「日」とかという名付けもその役割分担に即して解釈すべきである。七世紀までの主神・皇祖神が天照大神でなかったという溝口の解釈は正しいのだが、その代わりはタカミムスヒではありえない。とはいえ、高皇産霊尊が高天原を仕切っていたというのは記紀神話からは伺えることである。その意味で高皇産霊尊が宮中で祀られていたことも確かであろう。

それに対して天照大神は宮中では祀られていなかったということも溝口の言うとおりだ。それは伊勢の地方神だったからだろうか？

伊勢の二見ヶ浦の夫婦岩から昇る太陽は確かに絶景で、縄文時代から神として崇められていただろう。それと天照大神が習合したことは大いに有り得る話ではある。ただ記紀やそれ以前の倭人三国伝承での天照大神は、倭姫の時に伊勢に初めて祀られたことになっていたと思われる。

倭姫は皇祖神として天照大神を祀ったのではなく、祟り神として祀ったのだ。元々天照大神の祭祀を大和政権は行っていなかった。もし大王家の祖先神なら行っていた筈である。

崇神天皇の時に人口の過半が亡くなるような疫病や飢饉に襲われた。これは大和政権に怨みをもつ祟り神の仕業だとされたのである。その時に当然思い当たるのが前王朝饒速日王国の建国神天照大神と三輪山を中心に大国を支配した大国主命である。大国主命は記紀神話では、国譲りさせられたのだが、実際は高天原・海原・筑紫倭国の連合軍に奇襲で斃されたと思われる。それで磐余彦の子孫の大王たちは筑紫倭国の王統に連なっていたので、大国主命に祟られるのである。

ただし大国主命は三輪山を拠点にしていた。それで三輪山の神格化としての大物主神が大和政権に対して祟ることになったのである。崇神天皇は、天照大神と倭大國魂神（＝大物主神）を宮中に祀って、どのように祭祀すれば祟らないのか問い質したのである。ところが天照大神はそんなことより、孫の饒速日一世を大国主命に殺されているので、大物主命と一緒に祀られるのは耐えられなかったのである。

それで各地を転々としたあげく伊勢に辿り着いたのだ。だから宮中で祀られなかったのは当然だった。それに反して高皇産霊尊は高天原の実力者だったので、外戚として筑紫倭国を操ったのだ。そして大国主命に対する奇襲作戦を練り上げた。その上、神武東征も高倉下を使って支援したのである。だから祀られていて当然なのである。

溝口はどうして天照大神が祟り神だと気づかなかったのだろう。何故崇神天皇は天照大神と大物主を並べて祀ったのか考えれば分るはずだ。つまりどちらの神が祟ったのか分からなかったから両方祀ったわけである。だから天照大神は皇祖神でなかっただけでなく、祟り神でもあったということなのである。

天照大神は記紀では筑紫倭国と大和倭国つまり饒速日王国の大王家の祖先神でもある。それが筑紫倭国の祖先神でないとなれば、筑紫倭国の祖先神は月讀命と分る筈である。なぜなら出雲倭国の祖先神はスサノヲだとわかっているので、三貴神の残りは月讀命しかないからだ。それなら六世紀まで未明に大王祭祀を行っていた事情も分る筈である。

それに王女を御杖代に差し出している意味が、溝口には分かっていないようである。大物主に差し出された百襲媛は祟り神に対して慰めて祟らないように神の花嫁に差し出されている。それと同じなのだから倭姫も神の花嫁であり、天照大神は祟り神なのである。だから斎宮は伊勢にいくのだが、大王は行かない、恐ろしくて行けなかったのある。

御杖代が嫁しづくということは男神の証拠なのに、溝口はそのことにも気づかないようだ。考えれば不思議である。溝口は、高皇産霊尊が皇祖神だという岡正雄の説などには詳しいし、北方系神話とか南方系神話などにも詳しい学者である。だから御杖代などの知識は常識に属する筈だ。

そのことには触れていないのもおかしな話ではある。別著で触れているのかもしれない。

溝口は神話の類型論を持ち出し、高皇産霊尊を中心とする北方系皇孫降臨神話と、スサノヲ主役で天照大神相手役の南方系神話の接ぎ木として日本神話を理解している。それで天照大神が女神だという思い込みに執着しているのだろう。しかし、記紀はなによりも倭国形成についての倭国神話である。大八洲における三倭国の建国と興亡、統合の歴史が倭国神話の根幹なのである。

北方系神話や南方系神話を取り込むのも、三倭国の建国・興亡・統合を描くためでなければ意味がないのだ。溝口は、神話の二類型と律令国家での一元化という図式主義で歴史を型にはめている。そうではなく三貴神が天降りして三倭国を形成したが、大和朝廷がそれを一元的な歴史作り変えたのである。そしてその時期は七世紀初めだというのが本書の主張である。

溝口は最近の「天皇」号の天武・持統朝始用説という実証史学の流行に惑わされているのではないだろうか。戦後実証史学は確たる物的実証がなければなかったことにする「なかった論」という科学知に偏向して、現実の動向をみないで判断しているのである。溝口によれば、八世紀になって天照大神がやっと主神・皇祖神になったというのである。それでは主神・皇祖神を天照大神に差し替えて、太陽神の国にした厩戸皇子たちの苦悩は見えてこないし、生きた歴史はなかったことになってしまうのである。そのことについては是非本書を読んでもらいたい。

8　主神、皇祖神差し替えと仏教の役割

天崩れ闇の世界に成ろうとも宇宙《そら》照らすらむ御仏の慈悲

そういう主神を差し替えるという神への冒瀆的な発想がどうしてできたのだろう。神道だけだったら、天之御中主神を祀らなければ、天の中心がくずれるので、天が落ちてくるような心配をした筈だ。ところが六世紀中頃から仏教を導入したので、仏の慈悲の力で神々の祟りも防げるのではないかという期待をもったと考えられる。まさしく鎮護国家の仏教であり、法華滅罪の思想に頼ったのだろう。

仏教の方が神道より上位に置かれていて、神々も煩悩で苦しみ、御仏に帰依し、菩薩に成ろうとする。七世紀の神仏習合の遺物は残っていないようだが、御仏の力で、祟りを防げるという発想はあったかもしれない。

もっとも御仏は、神々を蔑ろにするような罪深いことをお許しになるのだろうか？　それは一見身勝手な解釈だと思われるかもしれない。しかしそもそも私利私欲で神道改革をしたのではない。

大王が未明に星や月を祀る儀礼では農業国家の祭祀は成り立たない。つまり朝廷の存在意義が問われて、権力の正当性、「鼎の軽重」が問われているのである。もしこのままいくと、太陽神

信仰を司る物部氏が復興して対抗することになれば、仏教の布教にも脅威になる。あくまで国家の安寧のためである。戦になれば結局人民が犠牲になるのだから。だから聖徳太子にとってはあくまでも慈悲の精神からくる神道改革だったのである。

それはそうとしても、ともかく月讀命は元々大王家の祖先神だったにも関わらず、ひどい扱いをされているわけで、神道改革を実行した人々は、祖先神を冒瀆したことで、祟りにたいする恐れや良心の呵責に苦しんだと思われる。特に厩戸皇子は摂政として最終的な責任を引き受ける立場だったので、それは悶え苦しんだだろう。

主神と皇祖神を取替えておいて、御仏に祈ったらなんの犠牲も伴わないというのは甘い了見である。厩戸皇子にしたら、その報いは一身に背負うという覚悟だったのかもしれない。聖徳太子と呼ばれたのは、神々と人々の前で神々がもし神罰を下すなら我が身一身に下すように神々に祈り、宣誓したからではないだろうか。イエスのような一種の贖罪信仰である。聖性というのは捨《しゃ》身飼虎《しんしこ》のような自己犠牲を示さない限り、なかなか広く認められるものではないだろう。

その上で神道改革は粘り強い話し合いの積み重ねの上でできたと思う。大切なことは衆知を集めて話し合うとか、和を貴ぶとか、詔を承れば必ず慎めとか、憲法十七条の精神は、神道改革という大改革の総括として出てきたと考えれば納得できるのではなかろうか。

あるいは神道改革で侃々諤々《かんかんがくがく》の議論になり収拾がつかなくなる中で、これはどうすれば平和で豊かな安定した国が作れるかの話し合いであり、衆知を集めて誰もが納得のいくものにするための議論だとして、あくまでも私利私欲を棚に上げて慈悲の心で話し合おうという、話し合いのルールを太子が中心に『憲法十七条』という形で示されて、なんとかまとまったということかもしれない。

厩戸皇子の一人の業績ではないにしても、彼が中心に成っておこなった大改革の故に彼は聖徳太子と呼ばれるに相応しかったのである。

それにしても大いなる善を為そうとすれば、大いなる悪も為さざるを得なかったのだ。それを平気の平左でやったのではなくて、その罪の大きさにもがき苦しみながらも、断行して、太陽神の国「日本」を作り上げたということである。

元々は天照大神が建国した国があった。それは大国主命にいったん滅ぼされたが、味間見命が饒速日王国を再建した。しかし磐余彦の東征で征服された。それで七世紀の神道改革は三度目の太陽神の国である。サンライズアゲインなのだ。それは月讀命の国だったのに、自ら否定して、自分たちが倒したはずの太陽神の国に生まれ変わったのである。

この聖徳太子の歴史のトリックに千四百年間ほどだれも気づかなかった、それはなぜか？　それは隠蔽や説話の統制、神社統制などを徹底して行ったからだろう。強権的な弾圧・統制の結果汚れ役を引き受けざるを得なかった蘇我氏の専制が聖徳太子没後強まったのである。その結果が乙巳《いっし》の変のクーデターにつながったのだ。

そして見抜けなかった歴史研究者の方にも問題がある。歴史の真実を見抜く正しいピントの

談山神社多武峯縁起より　乙巳の変

あったメガネをかけていなかったからである。もちろん本居宣長のように『古事記』の内容をそのまま宗教的に信仰してしまえば、きれいに騙されてしまう。

またほとんど文字史料のなかった時代だから、歴史の実相を科学的に解明できるというのは思い込みである。乏しい考古学的資料や史料批判で科学的な知見に到達することはできないのである。既存の資料を基に、その矛盾から元の歴史像に比べ、より納得できる歴史像を歴史知的に再構成し、歴史物語として納得することが大切なのである。

だから聖徳太子の時代に主神・皇祖神を天照大御神に差し替えたというのも、日本国の自己否定的な再構築の感動的なドラマとして了解すべきであり、それは記紀の記述よりはずっと納得できる歴史像ではあるにしても、これが科学的な歴史の実相だと断定すべきではない。

「聖徳太子はいなかった」などと白けた事を言うのは実証すべきことを実証していないので、実証的でもなんでもないが、その反対に聖徳太子の実在を科学知的に実証できるとするのも、慎重であるべきであろう。歴史知的に了解しておけばいいのである。

9　神道改革の時期

日出る処の天子と名乗りたり、日の神の国に衣更へしや

では主神・皇祖神の差し替えの時期は何時だったのだろう。最終的には推古天皇28年（西暦六二〇年）に蘇我馬子とともに『天皇記』『国記』を作ったとされている。そこには主神・皇祖神の差し替えがなされてしまっている。しかしもっと早く六〇七年の第二回遣隋使の時までには、主神の差し替えはなされていたと思われる。第二回遣隋使の役目の一つに神道改革を踏まえ、太陽神国家に衣替えしたことを報告することもあったのである。

大業三年、其王多利思比孤遣使朝貢。使者曰：「聞海西菩薩天子重興佛法、故遣朝拜、兼沙門數十人來學佛法。」其國書曰「日出處天子致書日沒處天子無恙」云云。帝覽之不悅、謂鴻臚卿曰：「蠻夷書有無禮者、勿復以聞。」

大業三年（六〇七年）、その王の多利思比孤が遣使を以て朝貢。
使者が曰く「海西の菩薩天子、重ねて仏法を興すと聞き、故に遣わして朝拝させ、兼ねて沙門数十人を仏法の修学に来させた」。
その国書に曰く「日出ずる處の天子、書を日没する處の天子に致す。恙なきや」云々。帝はこれを見て悦ばず。鴻《こう》臚《ろ》卿《けい》に謂ひて曰く「蛮夷の書に無礼あり。再び聞くことなかれ」と。
（『隋書』「俀国伝」）

隋王朝を開いた楊堅すなわち文帝は、未明に朝廷の儀礼を行っていることに対して、はなはだ道理にかなっていないから改めるように訓令したのである。それで国書で「日出ずる處の天子、書を日没する處の天子に致す。」と挨拶して、倭国は夜の国から日の出の国に進化したことを示したわけである。だから、太陽神が主神になっていたことが伺える。

ところが既に隋では皇帝が煬帝に代わっていた。煬帝は倭国の天子、隋の天子と同格に表現しているので「無礼」だと立腹している。

これより先推古天皇十二年（六〇四年）に「憲法十七条」が書かれている。直接そこから神道改革があったことが伺えるわけではないが、「和を以て貴しと為せ」からはじまり、衆知を集めること、大事なことはよく話し合って決めること、最終的に決定されて、詔になればみんなで従うことなどが書かれているから、これも神道改革が粘り強い話し合いを踏まえてなされたことを示唆しているのである。

ところで、この「憲法十七条」は、『憲法』じゃないという人がいる。つまり主権者がだれだとか、立法手続きだとか、そういう国家機構やその運営の決まりが書いてないじゃないかというのである。それに国民の要件、権利義務もはっきりしない。

とは言え、話し合い、知恵を出し合って、平和的に問題を解決し、課題に取り組んでいく方向は、はっきり示されている。そして「篤く三宝を敬へ、三宝とは仏法僧なり」と仏教精神による国づくりが目指されている。

仏教というのを宗派的に捉えているのではないのである。仏教的な慈悲の心でみんなが幸せになれるように平和で豊かな国をつくっていこう、そのために争うのではなくて、知恵を出し合い、協力し合っていこうということなのである。つまり話し合いというのも相手を言い負かして、自分の意見を通そうとか、多数の意見で少数派を抑え込もうというのではなく、あくまでみんなの幸せのために私的利害は棚上げにして慈悲の心で話し合いましょうということなのだ。

確かに手続き的な規定だとか、機構や役職の規定がないということでは、憲法の体を成していないのだが、最も大切な国づくりの基本精神を分りやすく説いているという意味では素晴らしい憲法だと言えるだろう。

主神や皇祖神を天照大神にしたのだったら、『憲法十七条』ではまず第一にそれを掲げで「太陽神の国」という意味で「日本」という国号を宣言したはずで、それが『憲法十七条』に書かれてないのだから、神道改革があったとしても、それ以降ではないのかという反論がありそうである。

それに「天皇」という称号を用い始めたところなら、『憲法十七条』に「天皇」が出てこないのは矛盾している、つまり『憲法十七条』に大王を天皇と呼び始めたことを大いに宣伝する筈だからだ。

だから改革は一括してできたわけではないだろう。まず西暦六百年の遣隋使帰国後、主神・皇祖神の差し替えを行おうとした。その話し合いのプロセスで、話し合いのルールが明確でないと白熱するばかりでまとまらない。それで『憲法十七条』ができたのではないかと思われる。

憲法には和を第一にし、あくまでも慈悲の精神に立ち、皆が幸せになるためにはどうすればいいかということで、話し合うという主旨である。そして独善を戒め、謙虚な気持で話し合うこと、知恵や情報を寄せ合い、建設的に話し合うという精神である。そして結論が詔の形ででたら、その結果には皆で従うということである。

その後天之御中主神の祟りが怖いとなって、大王の称号を天皇にした。法隆寺薬師如来後背銘は六〇七年である。それ以前には天皇号が成立していたと考えられる。ぎりぎりではあるが可能だった。

そういう改革を朝廷で行うと、筑紫や出雲の伝承とも全く食い違うわけであるから、当然地方からのクレームが激しくなってきただろう。それで出雲や筑紫そして大和のそれぞれの倭国伝承を守ってきた語り部を集めて調整しようということになったと想像できる。もっとも筑紫倭国の場合は四世紀前半に熊襲にいったん滅ぼされ、その際に、語り部は死に絶えて、それまでの伝承は、磐余彦の一族の伝承以外は、ほとんど残っていなかった。

厩戸皇子の最晩年、推古二十八年（六二〇年）でやっと『天皇記』『国記』が仕上げられたから、細部に亙って太陽神国家としての大和政権の建国史が仕上がるまでは、手間取ったようである。なお『先代旧事本紀』の馬子による序によれば、『先代旧事本紀』も推古二十八年である。ということは、『先代旧事本紀』というのは、これが『天皇記』『国記』の内容だといいたいのだろう。

主神・皇祖神の差し替えは、大和政権の矛盾から仕方なく、畿内の豪族たちに稟議《りんぎ》を重ねた上で実現したわけなのだが、その結果を出雲や筑紫は無理矢理に受け入れさせられたのだろう。『口誦・出雲倭国伝』では須佐之男命は大八洲の支配権をイザナギに与えられ、大国主命はそれを継承したことになっていたのに、それを否定されている。また『口誦・筑紫倭国伝』では、筑紫倭国は月讀命の建国した「夜の食国」で、邇邇藝命はその孫なのに、邇邇藝命は天照大神の孫だったことにされ、邇邇藝命が天降って筑紫倭国を建国したことになっている。

結局これを受け入れるということは、月讀命を祀らないで、今後は天照大神を祀りなさいということである。夜中の儀礼はやめて日中の儀礼にしなさいということだ。祭器も勾玉から鏡に替えなさいということである。

まだ社はほとんど作られていなかったようなので、祀る神を替えようということになる。これには抵抗が強かっただろう。もちろん従わなければ、国家に対する反逆として死刑である。それこそ殺しつくすしかないのだ。

「つくし」という国名は「月地」に由来するのに、それは隠蔽されて、『筑後国風土記』には殺しつくすの「つくし」から由来したと書かれているが、強烈な風刺が含まれているようで、背筋が寒くなる。

この神道改革が成功したということは、神道改革が成されなかったことにされたということである。つまり主神・皇祖神の差し替えなどなかった、元々初めから、天照大神が主神で皇祖神であったということにされたということなのだ。

天之御中主神が主神だったという証拠はどこにもないし、月讀命が皇祖神であったとはどの書にも書いていないわけである。『天皇記』『国記』以前にたしかに『倭人三国伝』は存在したのだが、それは口誦でしかなかったわけである。その語り部たちは文字を書けなかったのだ。

ただし『筑紫倭国伝』については四世紀前半に熊襲に滅ぼされた時に語り部が皆殺しにされていて、詳しい歴史は残っていない。卑弥呼伝承なども消失しているぐらいである。それでも完全には消せなかっただろう。農事などの年中行事や民話などに痕跡はあったと考えられる。『隋書』「俀国伝」を参照しよう。

人頗恬靜、罕爭訟、少盜賊。樂有五弦、琴、笛。男女多黥臂點面文身、沒水捕魚。無文字、唯刻木結繩。敬佛法、於百濟求得佛經、始有文字。知卜筮、尤信巫覡。

人はとても落ち着いており、争訟は稀で、盗賊も少ない。楽器には五弦、琴、笛がある。男女の多くが臂（肩から手首まで）、顔、全身に刺青をし、水に潜って魚を捕る。文字はなく、ただ木に刻みをいれ、縄を結んで（通信）する。仏法を敬い、百済で仏教の経典を求めて得、初めて文字を有した。卜筮を知り、最も巫覡（ふげき＝男女の巫者）を信じている。

おそらく神を祀ったり、巫祝を行う人々は、漢字は儒教や仏教の祭器のように受け止めていたかもしれない。何か異国の神に呪われているもののように漢字を恐れていたのではないか。

しかしいったん文字化されてしまうと、それは物証の形で残る。口誦の場合は口伝えられているうちに変化しなかったとは言い切れないから、証拠能力が劣り、文字伝承と食い違うと、口誦伝承の方が変えられたもの、偽作とされてしまうわけである。

『天皇記』『国記』以前は全て口誦伝承なので、『天皇記』『国記』に書き記された内容が生き残っていくわけである。しかもそれを編纂したのは、聖徳太子だということで、太子信仰が強まれば強まるほど文字伝承の方が真実だったことになってしまったわけである。

『天皇記』『国記』の内容は、『古事記』『日本書紀』『先代旧事本紀』などの元になったわけだが、蘇我宗家が六四五年に乙巳の変で滅亡した時に焼却されてしまったといわれている。

　では権力者の都合で神々の差し替えなどがあったとすると、同じような事情で、『天皇記』『国記』から『古事記』『日本書紀』『先代旧事本紀』などへの書き換えも成されたのではないか、それがどういうものか分からないでは、記紀から『天皇記』『国記』へ、さらに「倭人三国伝」へと遡るのは到底できないではないかと言われるかもしれない。

　それは細部については認めざるを得ないが、主神・皇祖神の差し替えについては、蘇我氏と中臣氏の間では、その必要について見解が一致し、調整がついていたのではないだろうか。まことに大雑把ではあっても、本書で指摘したような神話の改変が『天皇記』『国記』の段階で仕上がっていただろうと考えられるのである。

10　梅原猛の怨霊史観の継承

　本書『千四百年の封印　聖徳太子の謎に迫る』は私の梅原猛研究を土壌にして芽を吹いたものである。梅原猛著『隠された十字架―法隆寺論』の延長線上にあると言えよう。とはいえ、梅原猛の議論の枠組みに収まってしまうのなら、改めて私が書くことはないわけで、いくつかの論点で梅原猛をはみ出している。

　梅原猛は聖徳太子と柿本人麻呂が怨霊だったという衝撃的な問題提起をした。さらに遡れば大国主命も出雲大社・大神神社に祀られて、祟らないようにということである。梅原猛は大國主命についても怨霊神、つまり祟り神として認識していたが、その観点からの大国主命論を本格的には展開しきれていない。そのために、天照大神も大和政権に対する祟り神であったという認識までは及ばなかったのである。

また梅原猛は、天照大神が女神にされたのは、持統天皇が孫の軽皇子に皇位を継承させるための先例づくりという思いつきに囚われてしまったので、他の理由を考えられなくなってしまったようだ。それは持統天皇が自分の血を引く息子や孫に皇統を継がせたいという私利私欲からの正当化である。天智天皇・天武天皇の皇子たちの総意が大きな重み持っていた皇親政治の時代に、そんな我儘な論理が通るだろうか？

それに対して私が見出した天照大神を女神にした理由は、須佐之男命の宇気比の相手をしたことにするためである。そうしないと天照大神を皇祖神にできないからである。記紀の世界では天皇家の支配の正統性は、天照大神の孫である邇邇藝命の子孫だからということに集約されてしまっている。だから天照大神に女神に成ってもらうしかないわけで、その瀆神性を認識した上での決断なのである。

もちろん梅原猛も元々大和政権の大王家の祖先神が月讀命だったと気づいていれば、月讀命と天照大神の宇気比での差し替えと、性の交替に気付いたはずである。何故気付かなかったか、それは六〇〇年の遣隋使における「天未明時出聴政」が、主神・皇祖神が六世紀末までは太陽神でなかったことの証左である事に気づかなかったからである。

これは梅原猛に限らないが、太陽神が最初から大和政権の主神であったという思い込みは歴史研究者のほとんどに強固である。その原因はおそらく卑弥呼が「日女巫女《ひめみこ》」に由来し、太陽神信仰であったという思い込みから来ている。しかしそれは「ひ」は「霊」「日」「火」のいずれの意味でもとれるのであって、日食があったので、卑弥呼の登場というのも憶測に過ぎない。

磐余彦の東征で饒速日王国という太陽神の王国が倒されたのであり、それ以来主神は太陽神ではなくなっているのである。ところが七世紀以降に筑紫倭国も太陽神の国だったことに一元化してしまったので、磐余彦以降の大和政権も太陽神国家だったことになってしまったのである。月讀命の国筑紫から来た磐余彦たちは「日本《ひのもと》」を倒して「月本《つくのもと》」にしてしまっていたのだ。

しかし七世紀になって農業中心の国を維持するためには、太陽神を主神・皇祖神にせざるを得なくなり、神道大改革を断行したのである。しかしそれは神々の差し替えという瀆神行為であったので、なかったことにせざるを得なかった。最初から天照大神が主神・皇祖神であったことにしたのである。

そのトリックは、三貴神が天降りして三倭国を形成した経緯を、記紀の記述の矛盾を整理することで浮かび上がらせることで暴くことができるのだ。

主神が北極星で祖先神が月は水運・水産の国にふさわしく、太陽神が主神・皇祖神は農業国にふさわしいというのも、梅原猛のエジプト紀行からの収穫である。

梅原猛は天皇号の始用を推古天皇からであるとし、天武・持統朝からの始用説が優勢になるのに抵抗してきたが、聖徳太子摂政期に大神道改革が断行されたことで、主神を降ろされた天之御中主神に大王を天皇号で呼ぶことで、代償にしたという本書の仮説で梅原説を補強できるだろう。つまり天皇とは天之御中主神の現人神であったのだ。

しかし月讀命は、祖先神から降ろされてほとんど抹消された形なので、伊勢神宮に二つも社を作って祟らないように鎮魂している。

そしてそれぐらいでは、神々への冒瀆は許されないから、仏教の権威を神道の上において、仏によって加護してもらおうとしている。

それでも神々を差し替えた罪は誰かが背負わなければならないということで、総責任者として摂政の厩戸皇子が神罰を一身に背負う誓を立てたのである。と考えれば、聖徳太子がすべての人々の罪を一身に背負って十字架についたという『隠された十字架』のテーマにつながってくる。

梅原猛は厩戸皇子が偉大な業績をあげたにもかかわらず、天皇にはなれず、死後には跡取りの山背大兄皇子一族が犠牲になり、それで藤原氏や皇族に祟ったという仮説を立て、怨霊封じ込めのために法隆寺を再建したとしたが、死後の血脈が絶えたという犠牲もさることながら、生きているる間から聖人とされたのは、やはり大和政権全体の神差し替えの罪を一身に背負ったというところにあると考えられる。

差し替え当初は、未来永劫、神を差し替えたことにより神罰を聖徳太子は受け続けていて、その苦しみから、人々が太子の志を忘れ、仏教に背き、天照大神を主神・皇祖神にする信仰を疎かにするならば激しい祟りがあるとおそれたのではないだろうか。ただし差し替えた事自体なかったことにされているから、太子がどんな罪を背負っているのかは誰も口にすることが出来なかったので、年月が経って忘れられてしまっている。

おそらく神罰も地獄も宗教的幻想に過ぎないだろうが、その幻想の中に、不滅の太子霊がいるとしたら、一四〇〇年間も太子は地獄の苦しみから解脱できないのでいるのである。

本書は聖徳太子の大罪を明るみにすることによって、仏教的な意味では初めて菩提を弔うことになるのではないか。主神・皇祖神の差し替えという罪を認め、それを敢えて犯した太子の思いを明らかにすることによって、我々は聖徳太子の心を自分自身の心として生きることができるのだから。

あとがき

『千四百年の封印―聖徳太子の謎を解く―』がついに出版の運びとなった。主神が天之御中主神から、皇祖神が月讀命からいずれも天照大神に差し替えられたのではないかという発想は、大阪狭山市の熟年大学で『古事記』の古典講読を担当している時に閃いたのだが、それからもう三年以上になる。『隋書』俀国伝から六世紀末まで大和政権の大王は天照大神を主神・皇祖神として祭祀していないことが読み取れるのだが、だとすれば、天照大神は建国神として月讀命や須佐之男命とともに三貴神なのであり、高天原に上げられずに、自ら天下りして建国した筈である。とすれば七世紀になって天照大神が主神だったことにされたために、天降りも孫の世代に行われたことにずらされたことになる。こうして倭国形成史のヴェールがはがされていくのである。

『古事記』の古典講読講座を担当したことで、本書ができたといってよい。三貴神が建国神としてセットであり、にも関わらず、天照大神にしか伊耶那岐命のプレゼントがない、しかもそれは鏡ではなく勾玉である。それは後の須佐之男命と宇気比をさせるための前置きではないか、元々は須佐之男命と宇気比をしたのは月讀命ではなかったか、天照大神が宇気比したことにしたのは、皇祖神にするための改変ではないかと次々に閃いたのである。少子高齢社会での熟年大学という新たな文化運動の成果として本書が実ったといえるだろう。

聖徳太子の摂政期に主神・皇祖神が差し替えられたというだけでも、日本古代史にとっては驚天動地の発見である筈である。しかしなにぶん歴史や神話を口誦伝承から文字伝承にしたのは、この差し替えをした聖徳太子や蘇我馬子たちであって、差し替えがあったことを史料的に実証することは状況証拠としてしかできない。従って、その発見は素人史家のトンデモ説として無視されかねないのである。

しかし本書が記紀の矛盾を精査して、そこから元の口誦伝承を復元することによって、今まで見えなかった歴史が見えて来たのだから、私の歴史知を使った歴史解読法は「歴史を見るメガネ」だと主張したい。それは科学的に実証しきれていないにしても、記紀の矛盾を解決しているだけに納得のいく歴史像になっている。古代史研究が目指すべきは、科学的に確かだと思い込む歴史像ではないのだ。物語としてこれが歴史ではないかと納得できる歴史像なのである。

その意味では、戦後の実証史学は、科学的な確実性を目指すために、「無かった論」に陥ってしまい、「歴史を見えなくするメガネ」あるいは「歴史の消しゴム」になってしまった。彼等に言わせると、神功皇后の新羅侵攻、景行天皇の熊襲征伐もなかったし、ましてや神武天皇の東征などお伽話にすぎない。したがって饒速日王国についてもほとんど研究されていないから、大国主命に侵攻されていたこととか、大国主命に対する武御雷神ら奇襲軍のことも、国譲り説話も神代の話で歴史とは見えてこない。それで歴史研究の対象にならないのである。だから大国主命が大八洲統合に乗り出した大義もそれを阻止しようとした高天原の意図もどうでもよくなってしまう。こうして実証史学は歴史の消しゴムとなって歴史をほとんど消してしまったが、私は「歴史をみるメガネ」で見えるようにしたのである。

私の説に対して、神話を歴史に取り込んでいるから、それは天照大神からの万世一系論ではなくても伊耶那岐命からの一系論には違いない。だから皇国史観の焼き直しだという批判があるかもしれない。聖徳太子の差し替えを暴露したという点でいい気になっているが、神話を蘇らせたということでは超反動ではないかというのである。

私は決して神話を信じろというのではない。しかし、古代国家の形成は自分を現人神だと思い込んだ人物と現人神への信仰によって成り立ったのであり、自然神・現人神・器物神の三位一体を理解することになしに、三倭国形成とその興亡のスペクタル史劇を物語ることはできないのである。神話の意義の再発見だけでも本書の意義は明らかであろう。

本書の成立に当たって、大阪狭山市熟年大学に感謝したい。あすと市民大学や大阪哲学学校でも、講演の機会を与えていただき、本書の仕上げに大いに貢献していただいきありがたく思っている。また『長編哲学ファンタジー　ヤマトタケルの大冒険』の大阪経済大学での講義でも本書のテーマを取り入れ深めることが出来た。そのうえ大阪経済大学では本書の内容の youtube 録画の教室を提供していただき、大いに感謝している。

本書は梅原猛先生の怨霊史観の徹底に特色があり、梅原先生の学恩には改めて感謝したい。もっとも梅原先生はまさか天照大神まで祟り神とは考えておられず、月讀命が元の口誦伝承では大王家の祖先神だったとも考えておられないだろう。先生の名誉のために断っておく。

本書に説得力を与えるための学問的な方法論として、石塚正英氏の「歴史知」という方法を私なりの解釈で使わしていただいた。厚く感謝する次第である。歴史を見るには歴史を見る方法があるのであり、それは自然科学的やり方とは違っている。特に文字史料の殆ど無い七世紀までの歴史は、歴史知的了解が重要な歴史学の内容になることを改めて強調したい。

最後になるが出版界の氷河期の中で、本書の出版に勇敢にかつ情熱的に取り組んで下さった社会評論社の松田健二さんに心底からの感謝と熱いエールを送りたい。

社会評論社からは二〇〇〇年に『イエスは食べられて復活した』というイエスの神性の謎に迫る問題作を上梓させていただいたが、今回二〇一五年は極東の日本の代表的な聖者とされる聖徳太子の聖性の謎を解き明かしている。それは聖徳太子の大罪を暴く形になっているが、あくまで摂政として罪を一身に背負う贖罪によって聖性を得ているのだから、イエスと共通性がある。しかし決して日ユ同祖論ではないので誤解のないように。

604年　『十七条憲法』制定　和を貴び、話し合いで大切な問題を決めていくことを強調。

605年　厩戸皇子、斑鳩宮に移り住む。

607年　小野妹子ら遣隋使を派遣。「日出処の天子」―太陽中心の世界観

600年から607年の間に天照大神を主神、皇祖神に差し替えた

607年　法隆寺薬師如来像後背銘に「大王天皇」の文字がある。

天皇号の始用は推古天皇から。ただし後背銘の文字は７世紀末の書法なので、傷んで書き写しただけで、書き換えられていない。

614年　犬上御田鍬を遣隋使に派遣。

615年　この年までに仏教の講経を行い、『三経義疏』を著したとされる。

620年　厩戸皇子は馬子と議して『国記』、『天皇記』、『臣連伴造国造百八十部并公民等本記』を編纂した。神話伝承の初めての文字化であり、天照大神が元々、主神であり、皇祖神であったことに改変した。

622年　厩戸皇子妃・膳大郎女が２月21日に没し、翌22日、厩戸皇子は亡くなった。

出先機関に。

高天原は天空の国として宗教化され、天降りは天空から山に降りてくるような説話になる。

聖徳太子関係年表

538年　『上宮聖徳法王帝説』『元興寺伽藍縁起并流記資財帳』あるいは552年に百済から仏教が公伝する。—漢字が本格的に使用されるのは仏教経典の研究から。
厩戸皇子—敏達天皇３年１月１日（574年２月７日）～推古天皇30年２月22日（622年４月８日）用明天皇の第二皇子、母は欽明天皇の皇女・穴穂部間人皇女。
585年　橘豊日大王(用明天皇)即位　翌年崩御　皇位継承をめぐり混乱
587年　丁未の乱　蘇我・物部戦争　13歳厩戸皇子も参戦　蘇我氏が勝利し、泊瀬部皇子が即位泊瀬部大王(崇峻天皇)
591年　法興元年　法興寺建立が始まる。すくなくとも厩戸皇子死去までは法興元号は使用されていた。
592年　蘇我馬子の命令で東漢駒が崇峻天皇を暗殺。
敏達天皇妃豊御食炊屋姫が即位豊御食炊屋姫大王あるいは額田部大王、推古天皇
即位に伴い18歳の厩戸皇子を後継者に指名、それで皇太子とされている。
推古天皇—聖徳太子—蘇我馬子のトロイカ体制。実権は馬子にある。摂津難波に四天王寺を建立
594年　仏教興隆の詔
595年　高句麗僧慧慈渡来、厩戸皇子の師となる。
600年　新羅征討の軍を出す。
600年　第一回遣隋使「天未明時、出聴政」とあり、ここから六世紀末まで天照大神が主神や皇祖神ではなかったことが窺える。ただし『日本書紀』に記事なし。
601年　斑鳩宮を造営した。
602年　新羅征討計画頓挫
603年　冠位十二階制を制定、才能を基準に人材を登用

熊襲の脅威が強くなり、高天原・海原・筑紫倭国の連合は一体性を強めていた。

266年　邪馬台国女王台与が晋に朝貢。

300年頃　御間城入彦大王(崇神天皇)即位するも祟り疫病、内乱で人民の過半が死ぬ。

305年頃　天照大神と倭大国魂神を宮中に祀り、どうすれば祟らないか問いただす。

天照大神は倭大国魂を畏れたので、豊鍬入姫に託し笠縫邑に移される。それから各地を転々とし335年頃倭姫命が斎宮として伊勢神宮内宮に安置される。

百襲媛に大物主神が憑依し、大田田根子を祭祀にして三輪山を祀るように言い、祟りが鎮まる。

307年頃　やっと国がおさまる。312年に御肇国天皇(ハツクニシラススメラミコト)と称される。

西暦四世紀前半、筑紫では熊襲が強盛になり、高天原、海原が支援したが、330年代に筑紫倭国は滅亡したと推測される。ヤマト政権の大帯彦大王(景行天皇)は、筑紫倭国救援に駆けつけるがすでに滅亡していた。熊襲はだれが王位に就くかで内戦状態なので、巧みに分断作戦で七年かかつて平定した。その余勢で出雲倭国も臣従させた。

345年頃　倭建命15歳熊襲建兄弟を討伐、出雲建も殺す、さらに蝦夷平定へ

360年　倭建30歳能褒野で死ぬ—戦士から白鳥へ

361年頃　息長帯媛誕生

376年頃　息長帯媛、倭建の遺児足仲彦に嫁ぐ、稚帯彦大王に謀反の嫌疑をかけられる。

武内宿祢らと筑紫に逃亡して倭国西朝を建国—倭国の東西分裂

385年頃　足仲彦大王(仲哀天皇)、高天原・海原の要請で新羅侵攻に参戦を求められる。表筒之男命の命に従わなかったので、足仲彦大王が死んだ。その日に息長帯媛、表筒之男命と秘め事。

新羅侵攻に成功、余勢で、倭国東朝が自壊、倭国再統合

391年　辛卯の年に倭国連合が新羅再侵攻—高句麗好太王碑文

息長帯媛は壱岐・対馬の住吉三神を取り込み、任那・加羅に対して優位に立つ。

5世紀前半には河内王朝が強盛大国化し、任那・加羅は河内王朝の

紀元前30年頃　出雲倭国大穴牟遅大王が八千鉾神となって越に侵入、天下統合に乗り出す。

紀元前25年頃　八千鉾神が畿内に侵攻、三輪山を囲み、饒速日一世が戦没？

紀元前20年頃　八千鉾神が四国九度山に陣営を構えるなど、大八洲の大部分を席捲し、筑紫倭国に迫る。高天原は「天菩比神」を大国主命の許に派遣。三年経っても戻らない。

大国主命は、武力による筑紫併合を中止、平和で豊かな国づくり路線に転換。

紀元前17年頃　高天原の使者天若日子が大国主命の許に派遣される。下照比売と結婚8年復奏せず。その間、筑紫倭国で武御雷神を中心に大国主命を奇襲するための訓練を重ねていた。

紀元前9年頃　高天原・海原・筑紫倭国の連合軍の奇襲部隊が三輪山を奇襲、各地の大国主軍も襲われる。大国主命は出雲に脱出するも、出雲で国譲りを迫られる。

筑紫倭国の忍穂耳命大王は、奇襲に対して猛反対、外戚として実権を握っていた高御産日神と険悪になる。忍穂耳命は幽閉されて、息子の邇邇芸命が大王になる。

紀元前5年頃　宇摩志麻遅命が大国主命支持勢力を糾合して、侵略軍を撃退し、饒速日王国を再建する。饒速日二世大王。—連合軍は親の仇を討った恩を忘れた裏切り行為として饒速日王国を敵視する。

紀元後10年頃　邇邇芸命の一夜妻木花佐久夜比売が産屋に火を放ってその中で無事に三人の王子を生んだ？

紀元35年頃　火遠理命と豊玉毘売の間に鵜葺草葺不合命がうまれるが、正体を見られた豊玉毘売は海に戻り、玉依毘売に育てられる。

紀元70年頃　鵜葺草葺不合命と玉依毘売の間に四男若御毛沼命別名磐余彦命が生まれる。

45歳で東征決意とされるが、その時兄たちもいっしょだし、浪速まで16年もかかるので、20歳で決意ぐらいが妥当。

紀元106年頃　浪速到達。紀元110年頃までに饒速日四世(or 五世)大王が帰順し、大和政権確立。「日の食国」から「夜の食国」になる。—筑紫倭国はそのまま続く。

248年　邪馬台国の女王卑弥呼死去—統合前なので筑紫倭国の大王だと思われる。

『千四百年の封印—聖徳太子の謎に迫る』関係年表

なお西暦年については正確に確定できるものではないので、およそこの頃であるということだと了解してください。史実と科学的に断定しているわけではありません。このような歴史物語として歴史知として了解しておこうというものです。

紀元前660年　辛酉革命説による磐余彦大王（神武天皇）の建国
始皇帝（しこうてい、紀元前259年—紀元前210年）
戦国時代から秦時代の混乱から沿海州から海洋民が朝鮮半島の南端部に移動してきた。
紀元前140年頃に三貴神ではない須佐之男命が出雲国を建国
やがて北陸地方の越が出雲に侵攻して支配する。
紀元前100年頃までに対馬・壱岐を中心にする海原倭国が津連合として成立した。
大八洲各地と交易して、文明を伝えた。
紀元前100年頃　三貴神誕生
紀元前80年頃　天照大神—河内・大和倭国、月讀命—筑紫倭国を建国
紀元前70年頃　筑紫北岸で宇気比—須佐之男命と宇気比したのは月讀命
紀元前60年頃　須佐之男命—八岐大蛇を退治し、出雲倭国を建国
紀元前50年頃　筑紫倭国　天忍穂耳命が執政を始める。月讀命は儀礼中心。
紀元前50年頃　暴風雨で河内湖があふれ、草香宮も押し流され、天照大神が罹災死
天照大神二世が即位—天の岩戸説話—すでに饒速日神は生まれていた。
紀元前50年頃　出雲国では世継ぎ争いが深刻、須佐之男大王も殺されたかも？
紀元前40年頃　三貴神でない須佐之男命の６世の孫大穴牟遅が三貴神の須佐之男命の娘須勢理姫と結婚して勢力拡大し、出雲倭国の覇権を握る。
紀元前40年頃　大和倭国では天照大神二世が亡くなり、饒速日一世が即位？

やすいゆたか　1945年生まれ
立命館大学文学部史学科日本史学専攻卒業。立命館大学大学院文学研究科哲学専攻修士課程修了。予備校講師を経て
現在　著述業，立命館大学・大阪経済大学などの非常勤講師。『ウェブマガジン　プロメテウス』編集長
主要著作『人間観の転換—マルクス物神性論批判』（青弓社、1986年）、『歴史の危機—歴史終焉論を超えて』（三一書房、1995年）、『キリスト教とカニバリズムーキリスト教成立の謎を精神分析する』（三一書房、1999年）
『イエスは食べられて復活した—バイブルの精神分析新約篇』（社会評論社、2000年）、『評伝　梅原猛ー哀しみのパトス』（ミネルヴァ書房、2005年）、『梅原猛　聖徳太子の夢—スーパー歌舞伎・狂言の世界』（ミネルヴァ書房、2009年）
主要共著『フェティシズム論のブティック』（石塚正英と共著）（論創社、1998年）
主要テキスト　いずれもpdf版『やすいゆたか著作集』に所収。『長編哲学ファンタジー　鉄腕アトムは人間か？』『長編哲学ファンタジー　ヤマトタケルの大冒険』『中国思想史講座』（全三巻）『西田哲学入門講座』『ビジネスマンのための西田哲学入門』
ホームページ『やすいゆたかの部屋』
アドレス　http://www42.tok2.com/home/yasuiyutaka/ pdf版『やすいゆたか著作集』全27巻所収
ウェブマガジン　プロメテウス　http://www46.atpages.jp/mzprometheus/

SQ選書 06
千四百年の封印 聖徳太子の謎に迫る

2015年11月25日　初版第1刷発行

著　者——やすいゆたか
装　幀——中野多恵子
発行人——松田健二
発行所：株式会社 社会評論社
　　東京都文京区本郷2-3-10　☎03(3814)3861　FAX 03(3818)2808
　　http://www.shahyo.com/
組　版：スマイル企画
印刷・製本：株式会社ミツワ